”مَعْرِفَةُ الْقُرْاٰن علیٰ کنزِ العِرفان“ سے متعلق کچھ ضروری باتیں

مَعْرِفَةُ الْقُرْاٰن دورِ جدید کے تقاضوں کے عین مطابق قرآنِ مجید کا آسان اور منفرد لفظی ترجمہ ہے، یہاں اس سے متعلق چند فنی باتیں اور اس کی خصوصیات ملاحظہ ہوں،

1 قرآنِ مجید کا متن P.D.F فارمیٹ میں موجود مکتبۃ المدینہ کے مطبوعہ نسخے سے پیسٹ کیا گیا اور پیسٹنگ کے بعد دو مرتبہ اصل نسخے سے باریک بینی کے ساتھ تقابل کیا گیا ہے تا کہ حتَّی المقدور متن میں غلطی کا امکان نہ رہے۔ نیز ایک لائن میں اتنا متن پیسٹ کیا گیا ہے جتنے نیچے اجزاء مذکور ہیں اور لائن کے شروع اور آخر سے فاصلہ ختم کرنے کے لئے کمپیوٹر سافٹ ویئر کے ذریعے متنِ قرآن کے ٹیکسٹ کو مناسب حد تک پھیلا کر لائن کا شروع اور آخر برابر کیا گیا ہے۔

2 مختلف خانے بنا کر ان میں آیات کے اجزاء لکھے گئے اور ان کے رَسمُ الخَط کو حتَّی الامکان متنِ قرآن کے رَسمُ الخَط کے مطابق رکھنے کے لئے ”**اَلْمُصْحَف**“ فاؤنٹ استعمال کیا گیا ہے۔

3 قرآنِ مجید کا اصل رَسمُ الخَط برقرار رکھنے کے لئے اجزاء میں تقسیم کے دوران الفاظ کے ساتھ متصل حروف اور ضمائر وغیرہ کو جدا لکھنے کی بجائے ایک ساتھ لکھا ہے اور مختلف رنگوں کے ذریعے انہیں اور ان کا ترجمہ ممتاز کر دیا ہے، جیسے ”مِمَّا“ میں ”مِنْ“ اور ”مَا“ کو اور ”اَنْفُسَهُمْ“ میں ”اَنْفُسَ“ اور ”هُمْ“ کو الگ الگ لکھنے کی بجائے ایک ساتھ لکھا اور رنگوں کے ذریعے ان الفاظ اور ان کے ترجمے میں امتیاز کر دیا ہے۔

4 بعض مقامات پر معنیٰ سمجھنے میں آسانی کے پیشِ نظر غیر متصل حروف و الفاظ اور اضافت سے خالی الفاظ کو بھی ایک ہی خانے میں لکھا گیا اور رنگوں کے ذریعے ان کے معانی میں امتیاز کیا گیا ہے۔ جیسے ”فِی الْاَرْضِ“ کو ایک ہی خانے میں لکھا ہے۔

5 صیغہ خواہ منفی ہو جیسے ”لَمْ تُنْذِرْهُمْ“ اور ”لَا یَعْلَمُوْنَ“ اور ”لَنْ تَفْعَلُوْا“ یا دوسرا جیسے ”كُنْتُمْ تَكْتُمُوْنَ“ مکمل صیغہ ایک ہی خانے میں لکھا ہے اسی طرح بعض مقامات پر پورا جملہ جیسے ”فَتَابَ عَلَیْهِ“ بھی ایک ہی خانے میں لکھا ہے تا کہ آیت کا اصل مرادی ترجمہ لکھنے میں آسانی رہے۔

6 ترجمے میں سلاست (روانی) کو برقرار رکھنے اور عربی الفاظ کے مفہوم کو مزید واضح کرنے کے لئے اضافت والے الفاظ جیسے ”كَلٰمَ اللّٰهِ“ کو ایک ہی خانے میں لکھا گیا اور رنگوں کے ذریعے ان کے ترجمے کی نشاندہی کر دی گئی ہے۔

7 حروف و الفاظ کا اصل وضع کے اعتبار سے جو ترجمہ بنتا ہے اسے لکھنے کا التزام کیا گیا اور ان کا مرادی اور مفہومی ترجمہ بریکٹ میں لکھ دیا ہے جیسے ”وَ اَنْتُمْ تَعْلَمُوْنَ“ میں مذکور ”وَ“ حالیہ ہے، اس کا ترجمہ یوں لکھا ہے ”اور

اشاعت: محرم الحرام ١٤٤٧ھ، جولائی 2025ء تعداد: 3000 (تین ہزار)

(حالانکہ)'' البتہ بعض مقامات پر لغوی ترجمہ لکھنے میں شرعی مسائل ہونے کی وجہ سے تاویلی ترجمہ لکھا ہے اور حتّی الامکان حاشیہ لگا کر ایسے مقامات کی وضاحت کر دی ہے۔

8 جن حروفِ زائدہ کا باقاعدہ کوئی ترجمہ نہیں بنتا انہیں کوئی رنگ کئے بغیر اسی طرح برقرار رکھا ہے جیسے ''بِمُؤْمِنِيْنَ'' میں حرف ''ب'' اور ''مُؤْمِنِيْنَ'' کو ایک ہی رنگ میں لکھا ہے۔

9 لفظی ترجمے کے ساتھ ایک بامحاورہ ترجمے کا بھی اضافہ کیا گیا ہے اور یہ ترجمہ تفسیر ''صراط الجنان فی تفسیر القرآن'' میں چھپا ہوا ''کنز العرفان فی ترجمۃ القرآن'' لکھا گیا ہے۔

10 سمجھنے میں آسانی کے لئے موقع محل کی مناسبت سے بریکٹوں میں الفاظ کا اضافہ کیا گیا اور ان کا رنگ سیاہ رکھا گیا ہے۔ نیز اجزاء میں جہاں آیت ختم ہوئی یونہی بامحاورہ ترجمے میں جہاں ایک آیت کا ترجمہ ختم ہوا وہاں اختتامیہ نشان ○ بھی ڈال دیا ہے۔

11 قرآن پاک میں بعض اوقات ایک آیت میں مختلف چیزیں بیان ہوتی ہیں اور بعض اوقات دو تین آیات کے بعد نئی بات شروع ہو جاتی ہے، فہمِ قرآن یعنی قرآن سمجھنے میں آسانی کیلئے ہم نے ہر ایسی جگہ پر نیا عنوان لگا دیا ہے جس کا فائدہ یہ ہے کہ اس نئے عنوان کو پڑھنے کے بعد وہاں سے شروع ہونے والی آیات کو بڑی آسانی سے سمجھا جاسکے گا کیونکہ پہلے سے معلوم ہو جائے گا کہ اب اس مضمون کی آیات آرہی ہیں۔

12 عنوانات صفحے کی سائیڈ میں لکھے ہیں اور جن آیات میں وہ عنوان بیان ہوا ہے انہیں اور ان کے بامحاورہ ترجمے کو مختلف رنگوں کے ذریعے ممتاز کیا ہے تاکہ قاری بآسانی سمجھ سکے کہ اس عنوان کا مضمون کہاں سے کہاں تک ہے، نیز موقع کی مناسبت سے تفسیر صراط الجنان اور دیگر معتبر تفاسیر سے مختصر اور جامع حواشی بھی لگائے گئے ہیں۔

13 حروف و الفاظ کے معنٰی متعین کرنے کے لئے چار رنگوں کا استعمال کیا گیا ہے، سبز، سرخ، نیلا اور جامنی۔ پہلے تین رنگ مختلف حروف و الفاظ کے لئے استعمال کئے گئے ہیں اور جامنی رنگ بطورِ خاص لفظی ترجمے میں آنے والے اضافی الفاظ کے لئے استعمال کیا گیا ہے تاکہ قاری آسانی کے ساتھ یہ سمجھ سکے کہ جامنی رنگ والے الفاظ کسی خاص لفظ کا ترجمہ نہیں ہیں۔ جیسے ''بِهٰذَا مَثَلًا'' اور اس کا ترجمہ ''اس مثال کے ساتھ''

اللہ تعالیٰ اس کوشش کو اپنی بارگاہ میں قبول فرمائے اور اسے میری، میرے اہلِ خانہ، رشتہ داروں، دوست احباب اور دیگر متعلقین کی نجات کا ذریعہ بنائے اور جن جن احباب نے اس کام کے سلسلے میں تعاون کیا ان کی کوششوں کو بھی قبول و منظور فرمائے اور سب کی بے حساب مغفرت فرمائے۔

ابو الصالح محمد قاسم قادری

لَا يُحِبُّ اللّٰهُ الْجَهْرَ بِالسُّوْٓءِ مِنَ الْقَوْلِ اِلَّا مَنْ ظُلِمَ ؕ

لَا يُحِبُّ	اللّٰهُ	الْجَهْرَ	بِالسُّوْٓءِ [1]	مِنَ	الْقَوْلِ	اِلَّا	مَنْ	ظُلِمَ [2]
پسند نہیں کرتا	اللہ	اعلان کرنا	بری (بات) کا	سے	بات	مگر	جو (جس پر)	ظلم کیا گیا

بری بات کا اعلان کرنا اللہ پسند نہیں کرتا مگر مظلوم سے

وَ كَانَ اللّٰهُ سَمِیْعًا عَلِیْمًا ﴿۱۴۸﴾ اِنْ تُبْدُوْا خَیْرًا اَوْ

وَ	كَانَ	اللّٰهُ	سَمِیْعًا	عَلِیْمًا ﴿۱۴۸﴾	اِنْ	تُبْدُوْا	خَیْرًا	اَوْ
اور	ہے	اللہ	سننے والا	جاننے والا	اگر	تم ظاہر کرو، اعلانیہ کرو	کوئی بھلائی	یا

اور اللہ سننے والا جاننے والا ہے ۝ اگر تم کوئی بھلائی اعلانیہ کر دیا

تُخْفُوْهُ اَوْ تَعْفُوْا عَنْ سُوْٓءٍ فَاِنَّ اللّٰهَ كَانَ

تُخْفُوْهُ	اَوْ	تَعْفُوْا [3]	عَنْ سُوْٓءٍ	فَاِنَّ	اللّٰهَ	كَانَ
چھپاؤ، چھپ کر کرو اسے	یا	در گزر کرو	برائی سے	تو بیشک	اللہ	ہے

چھپ کر یا کسی کی برائی سے در گزر کرو تو بیشک اللہ

عَفُوًّا قَدِیْرًا ﴿۱۴۹﴾ اِنَّ الَّذِیْنَ یَكْفُرُوْنَ بِاللّٰهِ

عَفُوًّا	قَدِیْرًا ﴿۱۴۹﴾	اِنَّ	الَّذِیْنَ	یَكْفُرُوْنَ	بِاللّٰهِ
معاف کرنے والا	قدرت والا	بیشک	وہ لوگ جو	انکار کرتے ہیں	اللہ کا

معاف کرنے والا قدرت والا ہے ۝ وہ لوگ جو اللہ

وَ رُسُلِهٖ وَ یُرِیْدُوْنَ اَنْ یُّفَرِّقُوْا

وَ	رُسُلِهٖ	وَ	یُرِیْدُوْنَ	اَنْ	یُّفَرِّقُوْا
اور	اس کے رسولوں (کا)	اور	وہ چاہتے ہیں	کہ	فرق کریں

اور اس کے رسولوں کو نہیں مانتے اور چاہتے ہیں کہ

عنوان: بری باتوں کا اظہار ناپسندیدہ ہے سوائے مظلوم آدمی کے — لوگوں کی خطاؤں سے درگزر کرنے کی ترغیب — تمام بنیادی باتوں پر ایمان رکھنا ضروری ہے

1. ...... بری بات کے اعلان میں لوگوں کے پوشیدہ معاملات کو ظاہر کرنا، غیبت کرنا، چغلی کھانا اور گالی دینا سب داخل ہیں۔
2. ...... یہاں مظلوم کو ظلم بیان کرنے کی اجازت دی گئی۔ اس سے معلوم ہوا کہ مظلوم، حاکم کے سامنے ظالم کی برائی بیان کر سکتا ہے، یہ ناجائز غیبت میں داخل نہیں۔
3. ...... ظالم سے بدلہ لینا اگرچہ جائز ہے لیکن بدلہ لینے پر قادر ہونے کے باوجود اس کے ظلم پر صبر کرنا اور اسے معاف کر دینا بہتر اور اجر و ثواب کا باعث ہے۔

بَیْنَ اللّٰهِ وَ رُسُلِهٖ وَ یَقُوْلُوْنَ نُؤْمِنُ بِبَعْضٍ وَّ

بَیْنَ اللّٰهِ وَ رُسُلِهٖ	وَ	یَقُوْلُوْنَ	نُؤْمِنُ	بِبَعْضٍ	وَّ
اللہ اور اس کے رسولوں کے درمیان	اور	کہتے ہیں	ہم ایمان لاتے ہیں	بعض پر	اور

اللہ اور اس کے رسولوں میں فرق کریں اور کہتے ہیں ہم کسی پر تو ایمان لاتے ہیں اور

نَكْفُرُ بِبَعْضٍ ۙ وَّ یُرِیْدُوْنَ اَنْ یَّتَّخِذُوْا بَیْنَ ذٰلِكَ

نَكْفُرُ	بِبَعْضٍ	وَّ	یُرِیْدُوْنَ	اَنْ	یَّتَّخِذُوْا	بَیْنَ ذٰلِكَ
انکار کرتے ہیں	بعض کا	اور	وہ چاہتے ہیں	کہ	بنالیں	اس (ایمان و کفر) کے درمیان

کسی کا انکار کرتے ہیں اور چاہتے ہیں کہ ایمان و کفر کے بیچ میں

سَبِیْلًا ﴿۱۵۰﴾ ۙ اُولٰٓىٕكَ هُمُ الْكٰفِرُوْنَ حَقًّا ۚ وَ اَعْتَدْنَا لِلْكٰفِرِیْنَ

سَبِیْلًا ﴿۱۵۰﴾ (1)	اُولٰٓىٕكَ	هُمُ	الْكٰفِرُوْنَ	حَقًّا (2)	وَ	اَعْتَدْنَا	لِلْكٰفِرِیْنَ
کوئی راہ	یہ لوگ	وہ	کافر ہیں	پکے	اور	ہم نے تیار کر رکھا ہے	کافروں کے لئے

کوئی راہ نکال لیں ○ تو یہی لوگ پکے کافر ہیں اور ہم نے کافروں کے لئے

عَذَابًا مُّهِیْنًا ﴿۱۵۱﴾ وَ الَّذِیْنَ اٰمَنُوْا بِاللّٰهِ وَ

عَذَابًا مُّهِیْنًا ﴿۱۵۱﴾	وَ	الَّذِیْنَ	اٰمَنُوْا	بِاللّٰهِ	وَ
ذلیل و رسوا کر دینے والا عذاب	اور	وہ لوگ جو	ایمان لائے	اللہ پر	اور

ذلت کا عذاب تیار کر رکھا ہے ○ اور وہ جو اللہ اور

رُسُلِهٖ وَ لَمْ یُفَرِّقُوْا بَیْنَ اَحَدٍ مِّنْهُمْ

رُسُلِهٖ	وَ	لَمْ یُفَرِّقُوْا	بَیْنَ اَحَدٍ	مِّنْهُمْ
اس کے سب رسولوں (پر)	اور	فرق نہ کریں	کسی ایک کے درمیان	ان میں سے

اس کے سب رسولوں پر ایمان لائے اور ان میں سے کسی (پر ایمان لانے) میں فرق نہ کرے

عنوان: تمام رسولوں پر ایمان لانا ضروری ہے

1 ...... کفر اور ایمان دونوں میں سے کوئی ایک دین ضرور ہو گا، ان کے درمیان ایسا کوئی مذہب نہیں جو نہ کفر ہو نہ اسلام۔

2 ...... صرف بعض رسولوں عَلَیْهِمُ الصَّلٰوۃُ وَالسَّلَام پر ایمان لانا کفر سے نہیں بچاتا بلکہ سب پر ایمان لانا ضروری ہے اور ایک نبی کا انکار بھی تمام انبیاء عَلَیْهِمُ الصَّلٰوۃُ وَالسَّلَام کے انکار کے برابر ہے۔

أُولٰٓئِكَ سَوْفَ يُؤْتِيْهِمْ أُجُوْرَهُمْ ۗ وَ كَانَ اللّٰهُ غَفُوْرًا رَّحِيْمًا ﴿١٥٢﴾ ع

أُولٰٓئِكَ	سَوْفَ يُؤْتِيْهِمْ	أُجُوْرَهُمْ	وَ	كَانَ	اللّٰهُ	غَفُوْرًا	رَّحِيْمًا ﴿١٥٢﴾
یہ لوگ	عنقریب (اللہ) دے گا انہیں	ان کے اجر	اور	ہے	اللہ	بخشنے والا	مہربان

تو عنقریب اللہ انہیں ان کے اجر عطا فرمائے گا اور اللہ بخشنے والا مہربان ہے ○

يَسْئَلُكَ أَهْلُ الْكِتٰبِ أَنْ تُنَزِّلَ عَلَيْهِمْ كِتٰبًا مِّنَ السَّمَآءِ

يَسْئَلُكَ	أَهْلُ الْكِتٰبِ	أَنْ	تُنَزِّلَ	عَلَيْهِمْ	كِتٰبًا	مِّنَ السَّمَآءِ
سوال کرتے ہیں تم سے	اہلِ کتاب	کہ	تم اتار دو	ان پر	ایک کتاب	آسمان سے

(اے حبیب!) اہلِ کتاب آپ سے سوال کرتے ہیں کہ آپ ان پر آسمان سے ایک کتاب اتار دیں

فَقَدْ سَأَلُوْا مُوْسٰٓى أَكْبَرَ مِنْ ذٰلِكَ فَقَالُوْٓا

فَقَدْ	سَأَلُوْا (1)	مُوْسٰٓى	أَكْبَرَ مِنْ ذٰلِكَ	فَقَالُوْٓا
تو تحقیق	انہوں نے سوال کیا تھا	موسیٰ (سے)	اس سے زیادہ بڑا	پس انہوں نے کہا

تو یہ لوگ تو موسیٰ سے اس سے بھی بڑا سوال کر چکے ہیں جو انہوں نے کہا تھا:

أَرِنَا اللّٰهَ جَهْرَةً فَأَخَذَتْهُمُ الصّٰعِقَةُ بِظُلْمِهِمْ ۚ ثُمَّ

أَرِنَا	اللّٰهَ	جَهْرَةً	فَأَخَذَتْهُمُ	الصّٰعِقَةُ	بِظُلْمِهِمْ	ثُمَّ
دکھا دو ہمیں	اللہ	اعلانیہ	تو پکڑ لیا انہیں	کڑک (نے)	ان کے ظلم کے سبب	پھر

(اے موسیٰ!) اللہ ہمیں اعلانیہ دکھا دو تو ان کے ظلم کی وجہ سے انہیں کڑک نے پکڑ لیا پھر

اتَّخَذُوا الْعِجْلَ مِنْ بَعْدِ مَا جَآءَتْهُمُ الْبَيِّنٰتُ

اتَّخَذُوا	الْعِجْلَ	مِنْ بَعْدِ	مَا	جَآءَتْهُمُ	الْبَيِّنٰتُ
انہوں نے بنالیا	(بطورِ معبود) بچھڑا	(اس کے) بعد	جو	آگئیں ان کے پاس	روشن نشانیاں

ان کے پاس روشن نشانیاں آجانے کے باوجود وہ بچھڑے کو (معبود) بنا بیٹھے۔

عنوان: یہودیوں کا یکبارگی نزولِ قرآن کا مطالبہ | یہودیوں کے سابقہ جرائم

(1)...... حضرت موسیٰ عَلَیْہِ الصَّلٰوۃُ وَالسَّلَام سے دیدارِ الٰہی کا مطالبہ مدینہ منورہ کے یہودیوں نے نہیں بلکہ ان کے باپ دادا نے کیا تھا اور یہاں ان کی طرف اس سوال کی نسبت اس لئے کی گئی کہ یہ لوگ اپنے باپ دادا کے نقشِ قدم پر تھے۔

فَعَفَوْنَا عَنْ ذٰلِكَ ۚ وَ اٰتَیْنَا مُوْسٰى سُلْطٰنًا مُّبِیْنًا ﴿۱۵۳﴾

فَعَفَوْنَا	عَنْ ذٰلِكَ	وَ	اٰتَیْنَا	مُوْسٰى	سُلْطٰنًا مُّبِیْنًا ﴿۱۵۳﴾
پھر ہم نے در گزر کیا	اس سے	اور	ہم نے عطا کیا	موسیٰ (کو)	روشن دلیل، روشن غلبہ

پھر ہم نے یہ معاف کر دیا اور ہم نے موسیٰ کو روشن غلبہ عطا فرمایا۔

وَ رَفَعْنَا فَوْقَهُمُ الطُّوْرَ بِمِیْثَاقِهِمْ وَ قُلْنَا

وَ	رَفَعْنَا	فَوْقَهُمُ	الطُّوْرَ	بِمِیْثَاقِهِمْ (1)	وَ	قُلْنَا
اور	ہم نے بلند کر دیا	ان کے اوپر	طور	ان سے عہد لینے کے لئے	اور	ہم نے فرمایا

پھر ہم نے ان سے عہد لینے کے لئے ان پر کوہِ طور کو بلند کر دیا اور ان سے

لَهُمُ ادْخُلُوا الْبَابَ سُجَّدًا وَّ قُلْنَا لَهُمْ

لَهُمُ	ادْخُلُوا	الْبَابَ	سُجَّدًا (2)	وَّ	قُلْنَا	لَهُمْ
ان سے	داخل ہو	دروازہ (میں)	سجدہ کرنے والے، سجدہ کرتے	اور	ہم نے فرمایا	ان سے

فرمایا کہ دروازے میں سجدہ کرتے داخل ہو اور ان سے فرمایا کہ

لَا تَعْدُوْا فِی السَّبْتِ وَ اَخَذْنَا مِنْهُمْ مِّیْثَاقًا غَلِیْظًا ﴿۱۵۴﴾

لَا تَعْدُوْا	فِی السَّبْتِ	وَ	اَخَذْنَا	مِنْهُمْ	مِّیْثَاقًا غَلِیْظًا ﴿۱۵۴﴾
حد سے نہ بڑھو	ہفتہ کے دن میں	اور	ہم نے لیا	ان سے	گاڑھا، مضبوط عہد

ہفتہ کے دن میں حد سے نہ بڑھو اور ہم نے ان سے مضبوط عہد لیا۔

فَبِمَا نَقْضِهِمْ مِّیْثَاقَهُمْ وَ كُفْرِهِمْ بِاٰیٰتِ اللّٰهِ وَ

فَبِمَا	نَقْضِهِمْ مِّیْثَاقَهُمْ	وَ	كُفْرِهِمْ بِاٰیٰتِ اللّٰهِ	وَ
تو بسبب	ان کے اپنے عہد کو توڑ دینے	اور	اللہ کی آیتوں کے ساتھ ان کے کفر کرنے	اور

تو (ہم نے ان پر لعنت کی) ان کے عہد کو توڑنے اور اللہ کی آیات کے ساتھ کفر کرنے اور

عنوان: حضرت موسیٰ عَلَیْہِ الصَّلٰوۃُ وَالسَّلَام کی عظمت و شان — یہودیوں پر کوہِ طور بلند کیا جانا اور انہیں دیئے جانے والے دو احکام — یہودیوں پر لعنت کئے جانے کے اسباب

1 ...... یہاں میثاق سے مراد تورات کو ماننے اور اس پر عمل کرنے کا عہد و پیمان ہے یا اس سے مراد حضرت موسیٰ عَلَیْہِ الصَّلٰوۃُ وَالسَّلَام کے دین پر قائم رہنے کا وعدہ ہے۔

2 ...... سجدہ کرتے ہوئے داخل ہونے سے مراد سر جھکا کر ادب سے داخل ہونا ہے یا اس سے مراد دروازے کے پاس نوافل ادا کر کے داخل ہونا ہے۔

قَتْلِهِمُ الْاَنْۢبِيَآءَ بِغَيْرِ حَقٍّ وَّ قَوْلِهِمْ قُلُوْبُنَا غُلْفٌ ؕ

قَتْلِهِمُ الْاَنْۢبِيَآءَ	بِغَيْرِ حَقٍّ	وَّ	قَوْلِهِمْ	قُلُوْبُنَا	غُلْفٌ
ان کے انبیاء کو شہید کرنے	حق کے بغیر، ناحق	اور	ان کا کہنے	ہمارے دل	پردوں والے (ہیں)

انبیاء کو ناحق شہید کرنے اور ان کے یہ کہنے کی وجہ سے (کہ) ہمارے دلوں پر غلاف ہیں

بَلْ طَبَعَ اللّٰهُ عَلَيْهَا بِكُفْرِهِمْ فَلَا يُؤْمِنُوْنَ اِلَّا

بَلْ	طَبَعَ (1)	اللّٰهُ	عَلَيْهَا	بِكُفْرِهِمْ	فَلَا يُؤْمِنُوْنَ	اِلَّا
بلکہ	مہر لگادی	اللہ (نے)	ان (کے دلوں) پر	ان کے کفر کے سبب	تو وہ ایمان نہیں لاتے	مگر

بلکہ اللہ نے ان کے کفر کے سبب ان کے دلوں پر مہر لگادی ہے تو (ان میں سے) بہت تھوڑے

قَلِيْلًا ﴿۱۵۵﴾ ص وَّ بِكُفْرِهِمْ وَ قَوْلِهِمْ عَلٰى مَرْيَمَ

قَلِيْلًا ﴿۱۵۵﴾	وَّ	بِكُفْرِهِمْ	وَ	قَوْلِهِمْ	عَلٰى مَرْيَمَ
تھوڑے	اور	ان کے کفر کے سبب	اور	ان کے کہنے (لگانے کی وجہ سے)	مریم پر

ایمان لاتے ہیں ○ اور (ان پر لعنت کی) ان کے کفر اور مریم پر

بُهْتَانًا عَظِيْمًا ﴿۱۵۶﴾ لا وَّ قَوْلِهِمْ اِنَّا قَتَلْنَا الْمَسِيْحَ

بُهْتَانًا عَظِيْمًا ﴿۱۵۶﴾ (2)	وَّ	قَوْلِهِمْ	اِنَّا	قَتَلْنَا	الْمَسِيْحَ
بڑا بہتان	اور	ان کے کہنے (کے سبب)	کہ	ہم نے شہید کیا	مسیح

بڑا بہتان لگانے کی وجہ سے ○ اور ان کے اس کہنے کی وجہ سے کہ ہم نے مسیح

عِيْسَى ابْنَ مَرْيَمَ رَسُوْلَ اللّٰهِ ۚ وَ مَا قَتَلُوْهُ وَ

عِيْسَى ابْنَ مَرْيَمَ	رَسُوْلَ اللّٰهِ	وَ	مَا قَتَلُوْهُ	وَ
مریم کے بیٹے عیسیٰ	اللہ کے رسول (کو)	اور (حالانکہ)	انہوں نے قتل نہیں کیا اسے	اور

عیسیٰ بن مریم اللہ کے رسول کو شہید کیا حالانکہ انہوں نے نہ تو اسے قتل کیا اور

عنوان: حضرت عیسیٰ عَلَیْہِ الصَّلٰوۃُ وَالسَّلَام کے قتل اور سولی کی تردید

1 ...... یہودی کہتے ہیں ہمارے دلوں پر پردے پڑے ہوئے ہیں، اس پر فرمایا گیا کہ حقیقت یہ ہے کہ اللہ عَزَّوَجَلَّ نے ان کے کفر کی وجہ سے ان کے دلوں پر مہر لگادی ہے لہٰذا کوئی وعظ و نصیحت ان کے دلوں پر کارگر نہیں ہوسکتی۔ معلوم ہوا کہ کفر اور بدکاریاں دل پر مہر لگ جانے کا سبب بن جاتی ہیں۔

2 ...... اس سے معلوم ہوا کہ پاکدامن عورت پر تہمت لگانا سخت گناہ ہے اور خصوصاً کسی مقدس عورت پر اور مقدس نسبت رکھنے والی پر تہمت لگانا اور بھی زیادہ سنگین ہے۔ اسی لئے حضرت عائشہ رَضِیَ اللّٰہُ تَعَالٰی عَنْہَا پر تہمت لگانے والوں کی مذمت زیادہ بیان کی گئی۔

مَا صَلَبُوْهُ وَلٰكِنْ شُبِّهَ لَهُمْ ؕ وَ

مَا صَلَبُوْهُ (1)	وَ	لٰكِنْ	شُبِّهَ	لَهُمْ	وَ
نہ سولی دی اسے	اور	لیکن	(ایک آدمی عیسیٰ سے) ملتا جلتا بنادیا گیا	ان (یہودیوں) کے لئے	اور

نہ اسے سولی دی بلکہ ان (یہودیوں) کے لئے (عیسیٰ سے) ملتا جلتا (ایک آدمی) بنا دیا گیا اور

اِنَّ الَّذِیْنَ اخْتَلَفُوْا فِیْهِ لَفِیْ شَكٍّ

اِنَّ	الَّذِیْنَ	اخْتَلَفُوْا	فِیْهِ	لَفِیْ شَكٍّ
بیشک	وہ لوگ جو	اختلاف کر رہے ہیں	اس (عیسیٰ کے بارے) میں	ضرور شبہ میں (پڑے ہیں)

بیشک یہ (یہودی) جو اس عیسیٰ کے بارے میں اختلاف کر رہے ہیں ضرور اس کی طرف سے

مِّنْهُ ؕ مَا لَهُمْ بِهٖ مِنْ عِلْمٍ اِلَّا اتِّبَاعَ الظَّنِّ ۚ وَ

مِّنْهُ	مَا	لَهُمْ	بِهٖ	مِنْ عِلْمٍ	اِلَّا	اتِّبَاعَ الظَّنِّ	وَ
اس کی طرف سے	نہیں	ان کو	اس کا	کچھ علم	مگر	گمان کی پیروی	اور

شبہ میں پڑے ہوئے ہیں (حقیقت یہ ہے کہ) سوائے گمان کی پیروی کے ان کو اس کی کچھ بھی خبر نہیں اور

مَا قَتَلُوْهُ یَقِیْنًا ۙ ﴿١٥٧﴾ بَلْ رَّفَعَهُ اللّٰهُ اِلَیْهِ ؕ وَكَانَ

مَا قَتَلُوْهُ	یَقِیْنًا ﴿١٥٧﴾	بَلْ	رَّفَعَهُ	اللّٰهُ	اِلَیْهِ	وَ	كَانَ
انہوں نے قتل نہیں کیا اسے	بیشک، یقیناً	بلکہ	اٹھالیا اسے	اللہ (نے)	اپنی طرف	اور	ہے

بیشک انہوں نے اس کو قتل نہیں کیا ○ بلکہ اللہ نے اسے اپنی طرف اٹھالیا تھا اور

اللّٰهُ عَزِیْزًا حَكِیْمًا ﴿١٥٨﴾ وَاِنْ مِّنْ اَهْلِ الْكِتٰبِ اِلَّا

اللّٰهُ	عَزِیْزًا	حَكِیْمًا ﴿١٥٨﴾	وَ	اِنْ	مِّنْ اَهْلِ الْكِتٰبِ	اِلَّا
اللہ	عزت والا، غلبے والا	حکمت والا	اور	نہیں	اہلِ کتاب سے (کوئی)	مگر

اللہ غالب حکمت والا ہے ○ کوئی کتابی ایسا نہیں جو

عنوان قربِ قیامت میں ہر کتابی حضرت عیسیٰ عَلَیْہِ الصَّلٰوۃُ وَالسَّلَام پر ایمان لے آئے گا

(1)......یہودیوں نے دعویٰ کیا کہ انہوں نے حضرت عیسیٰ عَلَیْہِ الصَّلٰوۃُ وَالسَّلَام کو قتل کر دیا ہے اور عیسائیوں نے اس کی تصدیق کی تھی، اللہ تعالیٰ نے ان دونوں کی تردید فرمادی، نیز یہاں حضرت عیسیٰ عَلَیْہِ الصَّلٰوۃُ وَالسَّلَام کو قتل کرنے کی نفی بھی کی گئی اور انہیں سولی پر چڑھا دینے کی بھی لہٰذا قادیانیوں کا یہ عقیدہ کہ حضرت عیسیٰ عَلَیْہِ الصَّلٰوۃُ وَالسَّلَام کو سولی پر لٹکایا گیا تو بیہوش ہو گئے لیکن جان نہ نکلی، اس آیت کریمہ کے بالکل خلاف ہے۔

لَيُؤْمِنَنَّ بِهٖ قَبْلَ مَوْتِهٖ ۚ وَيَوْمَ الْقِيٰمَةِ

لَيُؤْمِنَنَّ	بِهٖ	قَبْلَ مَوْتِهٖ (1)	وَ	يَوْمَ الْقِيٰمَةِ
ضرور ایمان لے آئے گا	اس پر	اس کی موت سے پہلے (یا) اپنی موت سے پہلے	اور	قیامت کے دن

اس کی موت سے پہلے ان پر ایمان نہ لے آئے گا اور قیامت کے دن

يَكُوْنُ عَلَيْهِمْ شَهِيْدًا ۚ ﴿۱۵۹﴾ فَبِظُلْمٍ مِّنَ الَّذِيْنَ

يَكُوْنُ	عَلَيْهِمْ	شَهِيْدًا ﴿۱۵۹﴾	فَبِظُلْمٍ (2)	مِّنَ	الَّذِيْنَ
وہ (عیسیٰ) ہوں گے	ان پر	گواہ	تو بڑے ظلم کے سبب	سے	ان لوگوں کے جو

وہ (عیسیٰ) ان پر گواہ ہوں گے ۝ تو یہودیوں کے بڑے ظلم کی وجہ سے

هَادُوْا حَرَّمْنَا عَلَيْهِمْ طَيِّبٰتٍ اُحِلَّتْ لَهُمْ

هَادُوْا	حَرَّمْنَا	عَلَيْهِمْ	طَيِّبٰتٍ	اُحِلَّتْ	لَهُمْ
یہودی ہوئے	ہم نے حرام کردیں	ان کے اوپر	پاکیزہ چیزیں	حلال کی گئیں (تھیں)	ان کے لئے

اور ان کے بہت سے لوگوں کو اللہ کے راستے سے روکنے کی وجہ سے ہم نے ان پر

وَبِصَدِّهِمْ عَنْ سَبِيْلِ اللّٰهِ كَثِيْرًا ۙ ﴿۱۶۰﴾ وَّ

وَ	بِصَدِّهِمْ	عَنْ سَبِيْلِ اللّٰهِ	كَثِيْرًا ﴿۱۶۰﴾	وَّ
اور	ان کے روکنے کے سبب	اللہ کی راہ سے	بہت سے (لوگوں کو)	اور

وہ بعض پاکیزہ چیزیں حرام کردیں جو ان کے لئے حلال تھیں ۝ اور

اَخْذِهِمُ الرِّبٰوا وَقَدْ نُهُوْا عَنْهُ وَ

اَخْذِهِمُ	الرِّبٰوا	وَ	قَدْ	نُهُوْا	عَنْهُ	وَ
ان کے لینے (کے سبب)	سود	اور (حالانکہ)	تحقیق	انہیں منع کیا گیا تھا	اس سے	اور

اس لئے (حرام کیں) کہ وہ سود لیتے حالانکہ انہیں اس سے منع کیا گیا تھا اور

عنوان: بروزِ قیامت حضرت عیسیٰ عَلَیْہِ الصَّلٰوۃُ وَالسَّلَام اہلِ کتاب پر گواہی دیں گے | یہودیوں کے بدترین جرائم اور ان کی دنیوی و اُخروی سزا

1 ...... اس آیت کا ایک معنی یہ ہے کہ حضرت عیسیٰ عَلَیْہِ الصَّلٰوۃُ وَالسَّلَام کی قیامت کے قریب وفات سے پہلے یہودی اور عیسائی حضرت عیسیٰ عَلَیْہِ الصَّلٰوۃُ وَالسَّلَام پر صحیح ایمان لے آئیں گے۔ دوسرا معنی یہ ہے کہ ہر کتابی اپنی موت سے پہلے اللہ تعالیٰ یا نبی اکرم صَلَّی اللّٰہُ تَعَالٰی عَلَیْہِ وَاٰلِہٖ وَسَلَّم پر ایمان لے آئے گا لیکن موت کے وقت کا ایمان مقبول نہیں، اور اس سے کچھ نفع نہ ہوگا۔

2 ...... یہاں اس لفظ پر آنے والی تنوین ”تفخیم“ یعنی کسی چیز کا بڑا ہونا بیان کرنے کے لئے ہے، اس لئے اس کا ترجمہ ”بڑے ظلم“ کیا گیا ہے۔

اَكْلِهِمْ اَمْوَالَ النَّاسِ بِالْبَاطِلِ ؕ وَ اَعْتَدْنَا

اَكْلِهِمْ	اَمْوَالَ النَّاسِ	بِالْبَاطِلِ	وَ	اَعْتَدْنَا
ان کے کھانے (کے سبب)	لوگوں کے مال	باطل (طریقے) سے	اور	ہم نے تیار کر رکھا ہے

وہ باطل طریقے سے لوگوں کا مال کھا جاتے تھے اور ان میں سے

لِلْكٰفِرِيْنَ مِنْهُمْ عَذَابًا اَلِيْمًا ﴿۱۶۱﴾ لٰكِنِ الرّٰسِخُوْنَ فِي الْعِلْمِ

لِلْكٰفِرِيْنَ مِنْهُمْ	عَذَابًا اَلِيْمًا ﴿۱۶۱﴾	لٰكِنِ	الرّٰسِخُوْنَ (1)	فِي الْعِلْمِ
ان میں سے کافروں کے لئے	دردناک عذاب	لیکن	پختگی رکھنے والے	علم میں

کافروں کے لئے ہم نے دردناک عذاب تیار کر رکھا ہے ○ لیکن اُن میں علم میں پختگی والے

مِنْهُمْ وَالْمُؤْمِنُوْنَ يُؤْمِنُوْنَ بِمَآ اُنْزِلَ اِلَيْكَ وَ

مِنْهُمْ	وَ	الْمُؤْمِنُوْنَ	يُؤْمِنُوْنَ	بِمَآ	اُنْزِلَ	اِلَيْكَ	وَ
ان میں سے	اور	ایمان والے	ایمان لاتے ہیں	(اس) پر جو	نازل کیا گیا	تمہاری طرف	اور

اور ایمان والے ایمان لاتے ہیں اُس پر جو، اے حبیب! تمہاری طرف نازل کیا گیا اور

مَآ اُنْزِلَ مِنْ قَبْلِكَ وَالْمُقِيْمِيْنَ الصَّلٰوةَ وَالْمُؤْتُوْنَ

مَآ	اُنْزِلَ	مِنْ قَبْلِكَ	وَ	الْمُقِيْمِيْنَ	الصَّلٰوةَ	وَ	الْمُؤْتُوْنَ
جو	نازل کیا گیا	تم سے پہلے	اور	قائم رکھنے والے	نماز	اور	ادا کرنے والے

جو تم سے پہلے نازل کیا گیا اور نماز قائم رکھنے والے اور زکوٰۃ

الزَّكٰوةَ وَالْمُؤْمِنُوْنَ بِاللّٰهِ وَالْيَوْمِ الْاٰخِرِ ؕ اُولٰٓئِكَ سَنُؤْتِيْهِمْ

الزَّكٰوةَ	وَ	الْمُؤْمِنُوْنَ	بِاللّٰهِ وَالْيَوْمِ الْاٰخِرِ	اُولٰٓئِكَ	سَنُؤْتِيْهِمْ
زکوٰۃ	اور	ایمان لانے والے	اللہ اور آخرت کے دن پر	یہ لوگ	عنقریب ہم دیں گے انہیں

دینے والے اور اللہ اور قیامت پر ایمان لانے والے ایسوں کو عنقریب ہم

عنوان: خوش عقیدہ یہودیوں کے ایمان، نیک اعمال اور اجر و ثواب کا بیان

(1)...... راسخ فی العلم وہ عالم ہے جس کا علم اس کے دل میں اتر گیا ہو جیسے مضبوط درخت وہ ہے جس کی جڑیں زمین میں جگہ پکڑ چکی ہوں، اس سے مراد خوش عقیدہ اور با عمل علماء ہیں۔ اس سے معلوم ہوا کہ عالم با عمل کا ثواب دوسروں سے زیادہ ہے کیونکہ با عمل عالم خود بھی نیک ہے اور وہ دوسروں کو بھی نیک بنا دیتا ہے۔ چاہئے کہ عالم کا عمل سنت نبوی کا نمونہ ہو اور اس کی ہر ادا تبلیغ کرے۔ اس سے اشارۃً یہ بھی معلوم ہوا کہ بے دین یا بے عمل عالم کا عذاب بھی دوسروں سے زیادہ ہے کیونکہ وہ گمراہ بھی ہے اور گمراہ کن بھی اور اس کی بد عملی دوسروں کو بھی بد عمل بنا دے گی۔

اَجۡرًا عَظِیۡمًا ﴿۱۶۲﴾ ع اِنَّاۤ اَوۡحَیۡنَاۤ اِلَیۡكَ كَمَاۤ اَوۡحَیۡنَاۤ

اَجۡرًا عَظِیۡمًا ﴿۱۶۲﴾	اِنَّاۤ	اَوۡحَیۡنَاۤ (1)	اِلَیۡكَ	كَمَاۤ	اَوۡحَیۡنَاۤ
بڑا ثواب	بیشک	ہم نے وحی بھیجی	تمہاری طرف	جیسے	ہم نے وحی بھیجی

بڑا ثواب دیں گے ○ بیشک اے حبیب! ہم نے تمہاری طرف وحی بھیجی جیسے

اِلٰی نُوۡحٍ وَّ النَّبِیّٖنَ مِنۡۢ بَعۡدِهٖ ۚ وَ اَوۡحَیۡنَاۤ

اِلٰی نُوۡحٍ	وَّ	النَّبِیّٖنَ	مِنۡۢ بَعۡدِهٖ	وَ	اَوۡحَیۡنَاۤ
نوح کی طرف	اور	پیغمبروں (کی طرف)	اس کے بعد	اور	ہم نے وحی فرمائی

ہم نے نوح اور اس کے بعد پیغمبروں کی طرف بھیجی اور ہم نے

اِلٰۤی اِبۡرٰهِیۡمَ وَ اِسۡمٰعِیۡلَ وَ اِسۡحٰقَ وَ یَعۡقُوۡبَ وَ الۡاَسۡبَاطِ

اِلٰۤی اِبۡرٰهِیۡمَ	وَ	اِسۡمٰعِیۡلَ	وَ	اِسۡحٰقَ	وَ	یَعۡقُوۡبَ	وَ	الۡاَسۡبَاطِ
ابراہیم کی طرف	اور	اسمٰعیل	اور	اسحاق	اور	یعقوب	اور	(ان کے) بیٹوں

ابراہیم اور اسمٰعیل اور اسحاق اور یعقوب اور ان کے بیٹوں

وَ عِیۡسٰی وَ اَیُّوۡبَ وَ یُوۡنُسَ وَ هٰرُوۡنَ وَ سُلَیۡمٰنَ ۚ وَ

وَ	عِیۡسٰی	وَ	اَیُّوۡبَ	وَ	یُوۡنُسَ	وَ	هٰرُوۡنَ	وَ	سُلَیۡمٰنَ	وَ
اور	عیسیٰ	اور	ایوب	اور	یونس	اور	ہارون	اور	سلیمان (کی طرف)	اور

اور عیسیٰ اور ایوب اور یونس اور ہارون اور سلیمان کی طرف وحی فرمائی اور

اٰتَیۡنَا دَاوٗدَ زَبُوۡرًا ﴿۱۶۳﴾ ۚ وَ رُسُلًا قَدۡ

اٰتَیۡنَا	دَاوٗدَ	زَبُوۡرًا ﴿۱۶۳﴾	وَ	رُسُلًا	قَدۡ
ہم نے عطا فرمائی	داوٗد (کو)	زبور	اور	(ہم نے بھیجے) بہت سے رسول	بیشک

ہم نے داوٗد کو زبور عطا فرمائی ○ اور (ہم نے بھیجے) بہت سے ایسے رسول

عنوان ایک ہی مرتبہ میں پورا قرآن اترنے کا مطالبہ کرنے والوں کو جوابات

1 ......یہودیوں اور عیسائیوں نے یہ کہا تھا کہ اگر ان کے لئے آسمان سے ایک ہی بار میں پوری کتاب نازل کی جائے تو وہ رسولِ کریم صَلَّی اللّٰہُ تَعَالٰی عَلَیْہِ وَاٰلِہٖ وَسَلَّم پر ایمان لے آئیں گے۔ اس پر اس آیت میں فرمایا گیا کہ کتنے ہی نبیوں کو یہودی اور عیسائی مانتے ہیں حالانکہ ان پر کوئی آسمانی کتاب ہی نازل نہیں ہوئی تو جب ان کی نبوت تسلیم کرنے میں اہلِ کتاب کو کچھ اعتراض نہ ہوا تو امام الانبیاء، سیِّدُ المرسلین صَلَّی اللّٰہُ تَعَالٰی عَلَیْہِ وَاٰلِہٖ وَسَلَّم کی نبوت تسلیم کرنے میں انہیں کیا عذر ہے؟

قَصَصْنٰهُمْ عَلَيْكَ مِنْ قَبْلُ وَ رُسُلًا

قَصَصْنٰهُمْ	عَلَيْكَ	مِنْ قَبْلُ	وَ	رُسُلًا
ہم نے ذکر کردیا ان کا	تم پر (تمہارے سامنے)	(اس) سے پہلے	اور	بہت سے رسول

جن کا ذکر ہم تم سے پہلے فرما چکے اور بہت سے وہ رسول

لَّمْ نَقْصُصْهُمْ عَلَيْكَ ؕ وَ كَلَّمَ اللّٰهُ مُوْسٰى

لَّمْ نَقْصُصْهُمْ	عَلَيْكَ	وَ	كَلَّمَ	اللّٰهُ	مُوْسٰى (1)
ہم نے ذکر نہیں کیا ان کا	تم پر (تمہارے سامنے)	اور	کلام فرمایا	اللہ (نے)	موسیٰ (سے)

جن کا ذکر تم سے نہ فرمایا اور اللہ نے موسیٰ سے

تَكْلِيْمًا ﴿١٦٤﴾ ج رُسُلًا مُّبَشِّرِيْنَ وَ مُنْذِرِيْنَ لِئَلَّا يَكُوْنَ

تَكْلِيْمًا ﴿١٦٤﴾	رُسُلًا	مُّبَشِّرِيْنَ	وَ	مُنْذِرِيْنَ	لِئَلَّا يَكُوْنَ
کلام فرمانا	(ہم نے بھیجے) رسول	خوشخبری دینے والے	اور	ڈر سنانے والے	تاکہ نہ ہو

حقیقتاً کلام فرمایا ○ (ہم نے) رسول خوشخبری دیتے اور ڈر سناتے (بھیجے) تاکہ

لِلنَّاسِ عَلَى اللّٰهِ حُجَّةٌۢ بَعْدَ الرُّسُلِ ؕ وَ كَانَ اللّٰهُ

لِلنَّاسِ	عَلَى اللّٰهِ	حُجَّةٌۢ	بَعْدَ الرُّسُلِ	وَ	كَانَ	اللّٰهُ
لوگوں کے لئے	اللہ پر	کوئی حجت، عذر	رسولوں کے بعد	اور	ہے	اللہ

رسولوں (کو بھیجنے) کے بعد اللہ کے یہاں لوگوں کے لئے کوئی عذر (باقی) نہ رہے اور اللہ

عَزِيْزًا حَكِيْمًا ﴿١٦٥﴾ لٰكِنِ اللّٰهُ يَشْهَدُ بِمَآ اَنْزَلَ

عَزِيْزًا	حَكِيْمًا ﴿١٦٥﴾	لٰكِنِ	اللّٰهُ	يَشْهَدُ	بِمَآ	اَنْزَلَ
عزت والا، زبردست	حکمت والا	لیکن	اللہ	گواہی دیتا ہے	(اس) کی جو	اس نے نازل کیا

زبردست ہے، حکمت والا ہے ○ لیکن اے حبیب! اللہ گواہی دیتا ہے اس کی جو اس نے

عنوان: رسولوں کی تشریف آوری کا مقصد اور اس کی حکمت | حقانیتِ قرآن پر اللہ تعالیٰ اور فرشتے گواہ ہیں

(1)...... حضرت موسیٰ عَلَیْہِ الصَّلٰوۃُ وَالسَّلَام انبیاءِ بنی اسرائیل عَلَیْہِمُ الصَّلٰوۃُ وَالسَّلَام میں بہت شان والے ہیں کہ ان کا ذکر خصوصیت سے علیحدہ ہوا اور یہ بھی معلوم ہوا کہ اللہ تعالیٰ نے بعض انبیاء عَلَیْہِمُ الصَّلٰوۃُ وَالسَّلَام کو خاص عظمتیں بخشی ہیں، ایک نبی کی خصوصیت تمام نبیوں میں ڈھونڈنا غلطی ہے، جیسے ہر نبی کلیم اللہ نہیں۔

اِلَيْكَ اَنْزَلَهٗ بِعِلْمِهٖ ۚ وَالْمَلٰٓئِكَةُ يَشْهَدُوْنَ ؕ

اِلَيْكَ	اَنْزَلَهٗ	بِعِلْمِهٖ	وَ	الْمَلٰٓئِكَةُ	يَشْهَدُوْنَ
تمہاری طرف	اس نے نازل کیا ہے اسے	اپنے علم کے ساتھ	اور	فرشتے	گواہی دیتے ہیں

تمہاری طرف نازل کیا، اس نے اسے اپنے علم کے ساتھ نازل فرمایا ہے اور فرشتے گواہی دیتے ہیں

وَكَفٰى بِاللّٰهِ شَهِيْدًا ؕ ﴿١٦٦﴾ اِنَّ الَّذِيْنَ كَفَرُوْا وَصَدُّوْا

وَ	كَفٰى	بِاللّٰهِ	شَهِيْدًا ﴿١٦٦﴾	اِنَّ	الَّذِيْنَ	كَفَرُوْا	وَ	صَدُّوْا
اور	کافی ہے	اللہ	گواہ	بیشک	وہ لوگ جنہوں نے	کفر کیا	اور	روکا

اور اللہ کافی گواہ ہے ○ بیشک وہ لوگ جنہوں نے کفر کیا اور

عَنْ سَبِيْلِ اللّٰهِ قَدْ ضَلُّوْا ضَلٰلًاۢ بَعِيْدًا ﴿١٦٧﴾ اِنَّ الَّذِيْنَ

عَنْ سَبِيْلِ اللّٰهِ	قَدْ	ضَلُّوْا	ضَلٰلًاۢ بَعِيْدًا ﴿١٦٧﴾	اِنَّ	الَّذِيْنَ
اللہ کی راہ سے	بیشک	وہ بھٹک گئے	دور کی گمراہی (میں)	بیشک	وہ لوگ جنہوں نے

اللہ کی راہ سے روکا بیشک وہ دور کی گمراہی میں جا پڑے ○ بیشک وہ لوگ جنہوں نے

كَفَرُوْا وَظَلَمُوْا لَمْ يَكُنِ اللّٰهُ لِيَغْفِرَ لَهُمْ وَلَا

كَفَرُوْا	وَ	ظَلَمُوْا	لَمْ يَكُنِ اللّٰهُ لِيَغْفِرَ (1)	لَهُمْ	وَ	لَا
کفر کیا	اور	ظلم کیا	ہرگز اللہ نہیں مغفرت فرمائے گا	ان کی	اور	نہ

کفر کیا اور ظلم کیا، اللہ ہرگز انہیں نہ بخشے گا اور نہ

لِيَهْدِيَهُمْ طَرِيْقًا ۙ ﴿١٦٨﴾ اِلَّا طَرِيْقَ جَهَنَّمَ خٰلِدِيْنَ فِيْهَآ

لِيَهْدِيَهُمْ	طَرِيْقًا ﴿١٦٨﴾	اِلَّا	طَرِيْقَ جَهَنَّمَ	خٰلِدِيْنَ	فِيْهَآ
ہرگز راستہ دکھائے گا انہیں	کوئی راستہ	سوائے	جہنم کے راستے کے	ہمیشہ رہنے والے	اس میں

انہیں کسی راستے کی ہدایت فرمائے گا ○ مگر جہنم کے راستے (کی) جس میں ہمیشہ ہمیشہ رہیں گے

عنوان: دور کی گمراہی کیا ہے؟ کفر پر قائم لوگوں کی بخشش اور ہدایت کی کوئی گنجائش نہیں

(1)...... اس سے مراد یہ ہے کہ جن یہودیوں نے تورات میں موجود سرکارِ دو عالم صَلَّی اللّٰہُ تَعَالٰی عَلَیْهِ وَاٰلِهٖ وَسَلَّم کے اوصاف بدل کر اور آپ صَلَّی اللّٰہُ تَعَالٰی عَلَیْهِ وَاٰلِهٖ وَسَلَّم کی نبوت کا انکار کر کے ظلم کیا وہ اگر اپنے کفر پر قائم رہیں اور کفر پر ہی مریں تو ان کی بخشش کی کوئی گنجائش نہیں البتہ ان میں سے جو ایمان لے آیا اور حالت ایمان میں ہی اس کا انتقال ہوا تو اس کی مغفرت ہو جائے گی۔

اَبَدًا ؕ وَ كَانَ ذٰلِكَ عَلَى اللّٰهِ يَسِيْرًا ﴿۱۶۹﴾ يٰۤاَيُّهَا النَّاسُ قَدْ

اَبَدًا	وَ	كَانَ	ذٰلِكَ	عَلَى اللّٰهِ	يَسِيْرًا ﴿۱۶۹﴾	يٰۤاَيُّهَا	النَّاسُ (1)	قَدْ
ہمیشہ	اور	ہے	یہ	اللہ پر	بہت آسان	اے	لوگو	بیشک

اور یہ اللہ پر بہت آسان ہے ○ اے لوگو!

جَآءَكُمُ الرَّسُوْلُ بِالْحَقِّ مِنْ رَّبِّكُمْ فَاٰمِنُوْا

جَآءَكُمُ	الرَّسُوْلُ	بِالْحَقِّ	مِنْ رَّبِّكُمْ	فَاٰمِنُوْا
تمہارے پاس آیا	رسول	حق کے ساتھ	تمہارے رب کی طرف سے	تو ایمان لاؤ

تمہارے رب کی طرف سے تمہارے پاس یہ رسول حق کے ساتھ تشریف لائے تو ایمان لاؤ،

خَيْرًا لَّكُمْ ؕ وَ اِنْ تَكْفُرُوْا فَاِنَّ لِلّٰهِ مَا

خَيْرًا	لَّكُمْ	وَ	اِنْ	تَكْفُرُوْا	فَاِنَّ	لِلّٰهِ	مَا
بہتر (ہوگا)	تمہارے لئے	اور	اگر	تم کفر کروگے	تو بیشک	اللہ کا (ہے)	جو کچھ

تمہارے لئے بہتر ہوگا اور اگر تم کفر کروگے تو بیشک اللہ ہی کا ہے جو کچھ

فِي السَّمٰوٰتِ وَ الْاَرْضِ ؕ وَ كَانَ اللّٰهُ عَلِيْمًا حَكِيْمًا ﴿۱۷۰﴾ يٰۤاَهْلَ الْكِتٰبِ

فِي السَّمٰوٰتِ	وَ	الْاَرْضِ	وَ	كَانَ	اللّٰهُ	عَلِيْمًا	حَكِيْمًا ﴿۱۷۰﴾	يٰۤاَهْلَ الْكِتٰبِ
آسمانوں میں	اور	زمین (میں ہے)	اور	ہے	اللہ	علم والا	حکمت والا	اے اہلِ کتاب

آسمانوں اور زمین میں ہے اور اللہ علم والا، حکمت والا ہے ○ اے کتاب والو!

لَا تَغْلُوْا فِيْ دِيْنِكُمْ وَ لَا تَقُوْلُوْا عَلَى اللّٰهِ اِلَّا الْحَقَّ ؕ اِنَّمَا

لَا تَغْلُوْا (2)	فِيْ دِيْنِكُمْ	وَ	لَا تَقُوْلُوْا	عَلَى اللّٰهِ	اِلَّا	الْحَقَّ	اِنَّمَا
حد سے نہ بڑھو	اپنے دین میں	اور	نہ کہو	اللہ پر	مگر	حق، سچ	بیشک

اپنے دین میں حد سے نہ بڑھو اور اللہ پر سچ کے سوا کوئی بات نہ کہو۔ بیشک

عنوان: آمدِ مصطفٰی کی خوشخبری اور ان پر ایمان لانے کا حکم | عیسائیوں کو حضرت عیسٰی عَلَیْہِ الصَّلٰوۃُ وَالسَّلَام کے بارے میں غلو سے باز رہنے کی ہدایت

(1)...... اس آیت میں تمام بنی نوعِ انسان کو عظیم خوشخبری سنائی جا رہی ہے کہ اے لوگو! آخری رسول محمد مصطفٰی صَلَّی اللّٰہُ تَعَالٰی عَلَیْہِ وَاٰلِہٖ وَسَلَّم حق کے ساتھ تشریف لا چکے، وہ خود بھی حق ہیں اور ان کا ہر قول، ہر فعل، ہر ادا حق ہے، ان کی شریعت، طبیعت اور تعلیم حق ہے، وہاں باطل کا گزر نہیں۔ لہٰذا ان پر ایمان لے آؤ، اس میں تمہارے لئے خیر ہی خیر ہے۔

(2)...... غلو کا مطلب اگلے حاشیے میں موجود ہے۔

اَلْمَسِیْحُ عِیْسَى ابْنُ مَرْیَمَ رَسُوْلُ اللّٰهِ وَ كَلِمَتُهٗ ۚ اَلْقٰىهَاۤ

اَلْمَسِیْحُ (1)	عِیْسَى ابْنُ مَرْیَمَ	رَسُوْلُ اللّٰهِ	وَ	كَلِمَتُهٗ	اَلْقٰىهَاۤ
مسیح	مریم کا بیٹا عیسیٰ	اللہ کا رسول	اور	اس کا کلمہ (ہے)	اس نے ڈالا، بھیجا اسے

مسیح، مریم کا بیٹا عیسیٰ صرف اللہ کا رسول اور اس کا ایک کلمہ ہے جو اس نے

اِلٰى مَرْیَمَ وَ رُوْحٌ مِّنْهُ ۫ فَاٰمِنُوْا بِاللّٰهِ وَ

اِلٰى مَرْیَمَ	وَ	رُوْحٌ	مِّنْهُ	فَاٰمِنُوْا	بِاللّٰهِ	وَ
مریم کی طرف	اور	ایک خاص روح (ہے)	اس کی طرف سے	تو ایمان لاؤ	اللہ پر	اور

مریم کی طرف بھیجا اور اس کی طرف سے ایک خاص روح ہے تو اللہ اور اس کے رسولوں پر

رُسُلِهٖ ۫ وَ لَا تَقُوْلُوْا ثَلٰثَةٌ ؕ اِنْتَهُوْا خَیْرًا لَّكُمْ ؕ

رُسُلِهٖ	وَ	لَا تَقُوْلُوْا	ثَلٰثَةٌ	اِنْتَهُوْا	خَیْرًا	لَّكُمْ
اس کے رسولوں (پر)	اور	نہ کہو	(کہ معبود) تین (ہیں)	تم باز رہو	بہتر (ہے)	تمہارے لئے

ایمان لاؤ اور نہ کہو (کہ معبود) تین ہیں۔ (اِس سے) باز رہو، (یہ) تمہارے لئے بہتر ہے۔

اِنَّمَا اللّٰهُ اِلٰهٌ وَّاحِدٌ ؕ سُبْحٰنَهٗۤ اَنْ یَّكُوْنَ لَهٗ

اِنَّمَا	اللّٰهُ	اِلٰهٌ وَّاحِدٌ	سُبْحٰنَهٗۤ	اَنْ	یَّكُوْنَ	لَهٗ
صرف	اللہ	ایک معبود (ہے)	پاکی ہے اسے	(اس سے) کہ	ہو	اس کی

صرف اللہ ہی ایک معبود ہے، وہ پاک ہے اس سے کہ اس کی

وَلَدٌ ۘ لَهٗ مَا فِی السَّمٰوٰتِ وَ مَا فِی الْاَرْضِ ؕ وَ كَفٰى

وَلَدٌ	لَهٗ	مَا	فِی السَّمٰوٰتِ	وَ	مَا	فِی الْاَرْضِ	وَ	كَفٰى
کوئی اولاد	اس کا (ہے)	جو کچھ	آسمانوں میں	اور	جو کچھ	زمین میں	اور	کافی ہے

کوئی اولاد ہو۔ اسی کا ہے جو کچھ آسمانوں میں ہے اور جو کچھ زمین میں ہے اور

(1)...... اس آیت میں اہلِ کتاب کو ہدایت کی گئی ہے کہ وہ حضرت عیسیٰ عَلَیْهِ الصَّلٰوةُ وَالسَّلَام کے بارے میں غلو سے باز رہیں، انہیں خدا اور خدا کا بیٹا کہہ کر حد سے نہ بڑھیں، بلکہ یہ عقیدہ رکھیں کہ حضرت عیسیٰ عَلَیْهِ الصَّلٰوةُ وَالسَّلَام حضرت مریم رَضِیَ اللّٰهُ تَعَالٰی عَنْهَا کے بیٹے ہیں، اللہ تعالیٰ کے رسول اور اس کا ایک کلمہ ہیں کہ بغیر باپ کے کلمہ "کُن" سے پیدا کئے گئے اور اللہ تعالیٰ کی طرف سے ایک خاص روح ہیں۔

بِاللّٰهِ وَكِيْلًا ﴿١٧١﴾ ع لَنْ يَّسْتَنْكِفَ الْمَسِيْحُ اَنْ يَّكُوْنَ عَبْدًا

بِاللّٰهِ	وَكِيْلًا ﴿١٧١﴾	لَنْ يَّسْتَنْكِفَ (1)	الْمَسِيْحُ	اَنْ	يَّكُوْنَ	عَبْدًا
اللہ	کارساز	ہرگز عار، نفرت نہیں کرتا	مسیح	(اس سے) کہ	ہو	بندہ

اللہ کافی کارساز ہے ○ نہ تو مسیح اللہ کا بندہ بننے سے کچھ عار کرتا ہے

لِّلّٰهِ وَلَا الْمَلٰٓئِكَةُ الْمُقَرَّبُوْنَ ط وَمَنْ يَّسْتَنْكِفْ

لِّلّٰهِ	وَ	لَا	الْمَلٰٓئِكَةُ	الْمُقَرَّبُوْنَ	وَ	مَنْ	يَّسْتَنْكِفْ
اللہ کا	اور	نہ	فرشتے	خاص قرب دیئے ہوئے	اور	جو	عار، نفرت کرے

اور نہ مقرب فرشتے اور جو اللہ کی بندگی سے

عَنْ عِبَادَتِهٖ وَيَسْتَكْبِرْ فَسَيَحْشُرُهُمْ اِلَيْهِ جَمِيْعًا ﴿١٧٢﴾

عَنْ عِبَادَتِهٖ	وَ	يَسْتَكْبِرْ	فَسَيَحْشُرُهُمْ	اِلَيْهِ جَمِيْعًا ﴿١٧٢﴾
اس (اللہ) کی عبادت سے	اور	تکبر کرے	تو عنقریب (اللہ) جمع کرے گا انہیں	سب کو اپنی طرف

نفرت اور تکبر کرے تو عنقریب وہ ان سب کو اپنے پاس جمع کرے گا ○

فَاَمَّا الَّذِيْنَ اٰمَنُوْا وَعَمِلُوا الصّٰلِحٰتِ فَيُوَفِّيْهِمْ

فَاَمَّا	الَّذِيْنَ	اٰمَنُوْا	وَ	عَمِلُوْا	الصّٰلِحٰتِ	فَيُوَفِّيْهِمْ
پس بہرحال	وہ لوگ جو	ایمان لائے	اور	انہوں نے عمل کئے	نیک، اچھے	تو وہ پورے دے گا انہیں

تو وہ جو ایمان لائے اور انہوں نے اچھے عمل کئے تو (اللہ) انہیں ان کے پورے اجر

اُجُوْرَهُمْ وَيَزِيْدُهُمْ مِّنْ فَضْلِهٖ ج وَاَمَّا الَّذِيْنَ

اُجُوْرَهُمْ	وَ	يَزِيْدُهُمْ	مِّنْ فَضْلِهٖ	وَ	اَمَّا	الَّذِيْنَ
ان کے اجر	اور	زیادہ دے گا انہیں	اپنے فضل سے	اور	بہرحال	وہ لوگ جو جنہوں نے

عطا فرمائے گا اور انہیں اپنے فضل سے اور زیادہ دے گا اور وہ جنہوں نے

عنوان اللہ تعالیٰ کا بندہ بننا شرم و عار نہیں بلکہ فخر کا باعث ہے — بندگی کو اعزاز سمجھنے والوں کے لئے بشارت اور اس سے نفرت و تکبر کرنے والوں کے لئے وعید

(1)...... نجران کے عیسائیوں کا ایک وفد سرکارِ دو عالم صَلَّی اللّٰہُ تَعَالٰی عَلَیْہِ وَاٰلِہٖ وَسَلَّم کی خدمت میں حاضر ہوا اور اس میں شریک لوگوں نے کہا: آپ صَلَّی اللّٰہُ تَعَالٰی عَلَیْہِ وَاٰلِہٖ وَسَلَّم حضرت عیسیٰ عَلَیْہِ الصَّلٰوۃُ وَالسَّلَام کو اللہ تعالیٰ کا بندہ کہہ کر ان پر عیب لگاتے ہیں۔ اس پر یہ آیت نازل ہوئی جس میں فرمایا گیا کہ اللہ تعالیٰ کا بندہ ہونا باعثِ شرم نہیں بلکہ باعثِ فخر ہے۔ نیز اللہ تعالیٰ کی عبادت سے نفرت کرنا اور اس میں شرم محسوس کرنا کافر کا کام ہے مسلمان کا نہیں۔

اسْتَنْكَفُوْا وَ اسْتَكْبَرُوْا فَيُعَذِّبُهُمْ عَذَابًا اَلِيْمًا ۙ

اسْتَنْكَفُوْا	وَ	اسْتَكْبَرُوْا	فَيُعَذِّبُهُمْ	عَذَابًا اَلِيْمًا
عار، نفرت کی	اور	تکبر کیا	تو وہ عذاب دے گا انہیں	دردناک عذاب

نفرت اور تکبر کیا تھا انہیں دردناک سزا دے گا

وَّ لَا يَجِدُوْنَ لَهُمْ مِّنْ دُوْنِ اللّٰهِ وَلِيًّا وَّ

وَّ	لَا يَجِدُوْنَ	لَهُمْ	مِّنْ دُوْنِ اللّٰهِ	وَلِيًّا	وَّ
اور	وہ نہیں پائیں گے	اپنے لئے	اللہ کے سوا	کوئی حمایتی	اور

اور وہ اللہ کے سوا نہ اپنا کوئی حمایتی پائیں گے

لَا نَصِيْرًا ﴿١٧٣﴾ يٰۤاَيُّهَا النَّاسُ قَدْ جَآءَكُمْ بُرْهَانٌ

لَا	نَصِيْرًا ﴿١٧٣﴾	يٰۤاَيُّهَا	النَّاسُ (1)	قَدْ	جَآءَكُمْ	بُرْهَانٌ
نہ	کوئی مددگار	اے	لوگو	بیشک	آئی تمہارے پاس	واضح دلیل

نہ مددگار ○ اے لوگو! بیشک تمہارے پاس تمہارے رب کی طرف سے

مِّنْ رَّبِّكُمْ وَ اَنْزَلْنَاۤ اِلَيْكُمْ نُوْرًا مُّبِيْنًا ﴿١٧٤﴾

مِّنْ رَّبِّكُمْ	وَ	اَنْزَلْنَاۤ	اِلَيْكُمْ	نُوْرًا مُّبِيْنًا ﴿١٧٤﴾ (2)
تمہارے رب کی طرف سے	اور	ہم نے نازل کیا	تمہاری طرف	روشن نور

واضح دلیل آگئی اور ہم نے تمہاری طرف روشن نور نازل کیا ○

فَاَمَّا الَّذِيْنَ اٰمَنُوْا بِاللّٰهِ وَ اعْتَصَمُوْا

فَاَمَّا	الَّذِيْنَ	اٰمَنُوْا	بِاللّٰهِ	وَ	اعْتَصَمُوْا
پس بہر حال	وہ لوگ جو	ایمان لائے	اللہ پر	اور	انہوں نے مضبوطی سے تھام لیا

تو وہ جو اللہ پر ایمان لائے اور انہوں نے اس کی رسی مضبوطی سے

عنوان: حضور اکرم صَلَّی اللّٰہُ تَعَالٰی عَلَیْہِ وَاٰلِہٖ وَسَلَّم کی نبوت کسی جگہ اور قوم کے ساتھ خاص نہیں | کامل ایمان والوں کو رحمت، فضل اور سیدھے راستے کی بشارت

(1)...... یہاں قیامت تک کے تمام انسانوں سے خطاب ہے کہ نبی کریم صَلَّی اللّٰہُ تَعَالٰی عَلَیْہِ وَاٰلِہٖ وَسَلَّم تمام زمانوں، جگہوں اور اقوام کیلئے خدا کی برہان و دلیل بن کر تشریف لائے ہیں۔

(2)...... روشن نور سے مراد قرآن پاک ہے جو حضورِ اقدس صَلَّی اللّٰہُ تَعَالٰی عَلَیْہِ وَاٰلِہٖ وَسَلَّم کے ذریعے ہمیں ملا۔

بِهٖ فَسَيُدْخِلُهُمْ فِيْ رَحْمَةٍ مِّنْهُ

بِهٖ	فَسَيُدْخِلُهُمْ (1)	فِيْ رَحْمَةٍ مِّنْهُ
اس (کی رسی) کو	تو عنقریب (اللہ) داخل کرے گا انہیں	اپنی طرف سے رحمت میں

تھام لی تو عنقریب اللہ انہیں اپنی رحمت

وَفَضْلٍ ۙ وَّيَهْدِيْهِمْ اِلَيْهِ صِرَاطًا مُّسْتَقِيْمًا ؕ ۱۷۵

وَ	فَضْلٍ	وَّ	يَهْدِيْهِمْ	اِلَيْهِ	صِرَاطًا مُّسْتَقِيْمًا ۱۷۵
اور	فضل (میں)	اور	رہنمائی کرے گا ان کی	اپنی طرف	سیدھے راستے (کی)

اور اپنے فضل میں داخل کرے گا اور انہیں اپنی طرف سیدھی راہ دکھائے گا ○

يَسْتَفْتُوْنَكَ ؕ قُلِ اللّٰهُ يُفْتِيْكُمْ فِي الْكَلٰلَةِ ؕ

يَسْتَفْتُوْنَكَ	قُلِ	اللّٰهُ	يُفْتِيْكُمْ	فِي الْكَلٰلَةِ (2)
وہ فتویٰ پوچھتے ہیں تم سے	تم کہو	اللہ	فتویٰ دیتا ہے تمہیں	کلالہ (کے بارے) میں

اے حبیب! تم سے فتویٰ پوچھتے ہیں تم فرمادو کہ اللہ تمہیں کلالہ کے بارے میں فتویٰ دیتا ہے۔

اِنِ امْرُؤٌا هَلَكَ لَيْسَ لَهٗ وَلَدٌ

اِنِ	امْرُؤٌا	هَلَكَ	لَيْسَ	لَهٗ	وَلَدٌ
اگر	کوئی مرد	فوت ہو جائے	نہ (ہو)	اس کی	کوئی اولاد

اگر کسی مرد کا انتقال ہو جس کی اولاد نہ ہو

وَّلَهٗۤ اُخْتٌ فَلَهَا نِصْفُ مَا

وَّ	لَهٗ	اُخْتٌ	فَلَهَا	نِصْفُ	مَا
اور	اس کی	ایک بہن (ہو)	تو اس (بہن) کا	آدھا (حصہ ہے)	(اس مال سے) جو

اور اس کی ایک بہن ہو تو ترکہ میں اس کی بہن کا

عنوان کلالہ کی وراثت کے احکام

1 ...... اس آیت میں ایمان والوں کو رحمت، فضل اور سیدھے راستے کی بشارت عطا فرمائی گئی ہے۔ رحمت جنت ہے اور فضل جنت میں کرم بالائے کرم والے امور ہیں اور سیدھا راستہ دینِ اسلام ہے جو سیدھا قربِ الٰہی تک لے جاتا ہے۔

2 ...... کَلالہ اسے کہتے ہیں جس کے فوت ہونے پر ورثاء میں باپ اور اولاد نہ ہو۔

تَرَكَ ج وَهُوَ يَرِثُهَآ اِنْ لَّمْ يَكُنْ لَّهَا

تَرَكَ(1)	وَ	هُوَ	يَرِثُهَآ	اِنْ	لَّمْ يَكُنْ	لَّهَا
وہ چھوڑ گیا	اور	وہ (مرد)	وارث ہو گا اس (بہن) کا	اگر	نہ ہو	اِس (بہن) کی

آدھا ہے اور مرد اپنی بہن کا وارث ہو گا اگر بہن کی

وَلَدٌ ط فَاِنْ كَانَتَا اثْنَتَيْنِ فَلَهُمَا الثُّلُثٰنِ

وَلَدٌ	فَاِنْ	كَانَتَا	اثْنَتَيْنِ	فَلَهُمَا	الثُّلُثٰنِ
کوئی اولاد	پھر اگر	وہ ہوں	دو (بہنیں)	تو ان دونوں کا	دو تہائی (حصہ ہو گا)

اولاد نہ ہو پھر اگر دو بہنیں ہوں ترکہ میں ان کا دو تہائی (حصہ ہو گا)

مِمَّا تَرَكَ ط وَاِنْ كَانُوْٓا اِخْوَةً رِّجَالًا وَّ

مِمَّا	تَرَكَ	وَ	اِنْ	كَانُوْٓا	اِخْوَةً	رِّجَالًا	وَّ
(اس مال) سے جو	(مرنے والا) چھوڑ گیا	اور	اگر	وہ ہوں	بھائی بہن	مرد	اور

اور اگر بھائی بہن ہوں (جن میں) مرد بھی (ہوں) اور

نِسَآءً فَلِلذَّكَرِ مِثْلُ حَظِّ الْاُنْثَيَيْنِ ط يُبَيِّنُ اللّٰهُ

نِسَآءً	فَلِلذَّكَرِ	مِثْلُ حَظِّ الْاُنْثَيَيْنِ	يُبَيِّنُ	اللّٰهُ
عورتیں	تو مرد کے لئے	دو عورتوں کے حصے کی مثل (ہے)	بیان فرماتا ہے	اللہ

عورتیں بھی تو مرد کا حصہ دو عورتوں کے برابر ہو گا۔ اللہ تمہارے لئے

لَكُمْ اَنْ تَضِلُّوْا ط وَاللّٰهُ بِكُلِّ شَيْءٍ عَلِيْمٌ ع ﴿١٧٦﴾

لَكُمْ	اَنْ	تَضِلُّوْا	وَ	اللّٰهُ	بِكُلِّ شَيْءٍ	عَلِيْمٌ ﴿١٧٦﴾
تمہارے لئے	تاکہ	تم بھٹک (نہ) جاؤ	اور	اللہ	ہر چیز کو	جاننے والا

صاف بیان فرماتا ہے تاکہ تم بھٹک نہ جاؤ اور اللہ ہر چیز جانتا ہے ○

(1)...... آیت مبارکہ میں کَلالہ کی وراثت کا بیان کیا گیا ہے۔ وراثت کے مسائل میں یہ یاد رکھیں کہ ان میں بہت وسعت اور قیود ہوتی ہیں لہٰذا اگر وراثت کا کوئی مسئلہ درپیش ہو تو کسی ماہرِ میراث عالم سے رہنمائی لئے بغیر خود حل نہ نکالیں۔

آيات: 120 — رکوع: 16

سُوْرَةُ الْمَآئِدَة مَدَنِيَّة

بِسۡمِ اللّٰهِ الرَّحۡمٰنِ الرَّحِيۡمِ

بِسۡمِ	اللّٰهِ	الرَّحۡمٰنِ	الرَّحِيۡمِ
نام سے (شروع)	اللہ	نہایت مہربان	رحمت والا

اللہ کے نام سے شروع جو نہایت مہربان، رحمت والا ہے۔

يٰۤاَيُّهَا الَّذِيۡنَ اٰمَنُوۡۤا اَوۡفُوۡا بِالۡعُقُوۡدِ ؕ اُحِلَّتۡ لَكُمۡ

يٰۤاَيُّهَا	الَّذِيۡنَ	اٰمَنُوۡۤا	اَوۡفُوۡا	بِالۡعُقُوۡدِ	اُحِلَّتۡ	لَكُمۡ
اے	وہ لوگو جو	ایمان لائے	پورے کیا کرو	تمام عہدوں کو	حلال کردیے گئے	تمہارے لئے

اے ایمان والو! تمام عہد پورے کیا کرو۔ تمہارے لئے

بَهِيۡمَةُ الۡاَنۡعَامِ اِلَّا مَا يُتۡلٰى عَلَيۡكُمۡ

بَهِيۡمَةُ الۡاَنۡعَامِ (1)	اِلَّا	مَا	يُتۡلٰى (2)	عَلَيۡكُمۡ
چوپائے جانور (یعنی) مویشی	مگر	جو (جن کا)	(آگے حکم) پڑھا جائے گا	تمہارے اوپر

چوپائے جانور حلال کردیے گئے سوائے ان کے جو (آگے) تمہارے سامنے بیان کئے جائیں گے

غَيۡرَ مُحِلِّى الصَّيۡدِ وَاَنۡتُمۡ حُرُمٌ ؕ اِنَّ اللّٰهَ

غَيۡرَ مُحِلِّى الصَّيۡدِ	وَ	اَنۡتُمۡ	حُرُمٌ	اِنَّ	اللّٰهَ
نہ (ہو) شکار کو حلال ٹھہرانے والے	اور (حالانکہ)	تم	احرام والے (ہو)	بیشک	اللہ

لیکن احرام کی حالت میں شکار حلال نہ سمجھو۔ بیشک اللہ

عنوان: عہد پورا کرنے کا حکم — حلال جانوروں کا بیان — حالتِ احرام میں (خشکی کا) شکار کرنا حرام ہے

(1)...... بھیمہ خشکی اور تری کے ہر اس جانور کا نام ہے جس کی چار ٹانگیں ہوں اور یہاں آیت میں اس کی ”الانعام“ کی طرف اضافت بیانیہ ہے۔

(2)...... اس سے معلوم ہوا کہ حرام صرف وہ ہے جو قرآن وحدیث میں آگیا، بقیہ حلال ہے کیونکہ حلال کے لئے خاص دلیل کی ضرورت نہیں، کسی چیز کا حرام نہ ہونا ہی حلال کی دلیل ہے۔ اس سے ان لوگوں کو عبرت حاصل کرنی چاہئے جو مسلمانوں کے پاکیزہ کھانوں کو حیلے بہانوں سے حرام بلکہ شرک قرار دیتے رہتے ہیں۔

يَحْكُمُ مَا يُرِيدُ ① يٰٓاَيُّهَا الَّذِيْنَ اٰمَنُوْا لَا تُحِلُّوْا شَعَآئِرَ اللّٰهِ

يَحْكُمُ	مَا	يُرِيْدُ ①	يٰٓاَيُّهَا	الَّذِيْنَ	اٰمَنُوْا	لَا تُحِلُّوْا	شَعَآئِرَ اللّٰهِ (1)
حکم فرماتا ہے	جو	چاہتا ہے	اے	وہ لوگو جو	ایمان لائے	حلال نہ ٹھہرالو	اللہ کی نشانیاں

جو چاہتا ہے حکم فرماتا ہے ○ اے ایمان والو! اللہ کی نشانیاں حلال نہ ٹھہرالو

وَلَا الشَّهْرَ الْحَرَامَ وَلَا الْهَدْيَ وَ

وَ	لَا	الشَّهْرَ الْحَرَامَ	وَ	لَا	الْهَدْيَ	وَ
اور	نہ	حرمت والا مہینہ	اور	نہ	حرم کو بھیجی ہوئی قربانیاں	اور

اور نہ ادب والے مہینے اور نہ حرم کو بھیجی گئی قربانیاں اور

لَا الْقَلَآئِدَ وَلَآ آٰمِّيْنَ الْبَيْتَ الْحَرَامَ

لَا	الْقَلَآئِدَ	وَ	لَآ	آٰمِّيْنَ الْبَيْتَ الْحَرَامَ (2)
نہ	علامتی پٹوں والے جانور	اور	نہ	ادب والے گھر کا قصد کرکے آنے والوں (کو)

نہ (حرم میں لائے جانے والے وہ جانور) جن کے گلے میں علامتی پٹے ہوں اور نہ ادب والے گھر کا قصد کرکے آنے والوں

يَبْتَغُوْنَ فَضْلًا مِّنْ رَّبِّهِمْ وَرِضْوَانًا ؕ وَاِذَا

يَبْتَغُوْنَ	فَضْلًا	مِّنْ رَّبِّهِمْ	وَ	رِضْوَانًا	وَ	اِذَا
وہ تلاش کرتے ہیں	فضل	اپنے رب کی طرف سے	اور	رضامندی	اور	جب

(کے مال و عزت) کو جو اپنے رب کا فضل اور اس کی رضا تلاش کرتے ہیں اور جب

حَلَلْتُمْ فَاصْطَادُوْا ؕ وَلَا يَجْرِمَنَّكُمْ شَنَاٰنُ قَوْمٍ اَنْ

حَلَلْتُمْ	فَاصْطَادُوْا	وَ	لَا يَجْرِمَنَّكُمْ	شَنَاٰنُ قَوْمٍ	اَنْ
احرام سے باہر آجاؤ	تو شکار کرو	اور	نہ ابھارے تمہیں	کسی قوم کی دشمنی، بغض	کہ

احرام سے باہر جاؤ تو شکار کرسکتے ہو اور تمہیں کسی قوم کی دشمنی اس وجہ سے زیادتی کرنے پر

عنوان: دین کی نشانیوں کی قدر کرنے کا حکم | احرام کھلنے کے بعد بیرونِ حرم شکار کی اجازت | کسی قوم کی دشمنی بھی ظلم و زیادتی نہ کروائے

(1)...... اس آیت میں دین کی نشانیوں کی قدر کرنے کا حکم فرمایا گیا ہے اور معنٰی یہ ہیں کہ جو چیزیں اللہ عَزَّوَجَلَّ نے فرض کیں اور جو منع فرمائیں سب کی حرمت کا لحاظ رکھو۔ نیز جو چیزیں اللہ عَزَّوَجَلَّ کی نشانیاں قرار پاجائیں ان کا احترام کرنا بہت ضروری ہے لہٰذا دینی عظمت والی چیزوں کا احترام کیا جائے گا۔ اس شَعَائِرَ اللّٰہ یعنی اللہ عَزَّوَجَلَّ کی نشانیوں میں خانہ کعبہ، قرآن پاک، مساجد، اذان، بزرگوں کے مزارات وغیرہ سب ہی داخل ہیں بلکہ جس چیز کو اللہ عَزَّوَجَلَّ کے مقبول بندوں سے نسبت ہوجائے وہ بھی درجات کے فرق کے ساتھ شَعَائِرَ اللّٰہ بن جاتی ہے۔ (2)...... اس سے مراد حج و عمرہ کرنے کے لئے آنے والے ہیں۔

صَدُّوْكُمْ عَنِ الْمَسْجِدِ الْحَرَامِ اَنْ تَعْتَدُوْا ۘ وَ تَعَاوَنُوْا

صَدُّوْكُمْ	عَنِ الْمَسْجِدِ الْحَرَامِ	اَنْ	تَعْتَدُوْا	وَ	تَعَاوَنُوْا [1]
انہوں نے روکا تھا تمہیں	مسجد حرام سے	کہ	تم حد سے بڑھ جاؤ	اور	ایک دوسرے کی مدد کرو

نہ ابھارے کہ انہوں نے تمہیں مسجدِ حرام سے روکا تھا اور

عَلَى الْبِرِّ وَ التَّقْوٰى ۪ وَ لَا تَعَاوَنُوْا عَلَى الْاِثْمِ وَ الْعُدْوَانِ ۪

عَلَى الْبِرِّ وَ التَّقْوٰى	وَ	لَا تَعَاوَنُوْا	عَلَى الْاِثْمِ وَ الْعُدْوَانِ
نیکی اور پرہیز گاری پر	اور	باہم مدد نہ کرو	گناہ اور زیادتی پر

نیکی اور پرہیز گاری پر ایک دوسرے کی مدد کرو اور گناہ اور زیادتی پر باہم مدد نہ کرو

وَ اتَّقُوا اللّٰهَ ؕ اِنَّ اللّٰهَ شَدِيْدُ الْعِقَابِ ۝۲ حُرِّمَتْ

وَ	اتَّقُوْا	اللّٰهَ	اِنَّ	اللّٰهَ	شَدِيْدُ الْعِقَابِ ۝۲	حُرِّمَتْ
اور	ڈرتے رہو	اللہ (سے)	بیشک	اللہ	سخت عذاب دینے والا (ہے)	حرام کر دیا گیا

اور اللہ سے ڈرتے رہو بیشک اللہ شدید عذاب دینے والا ہے ۝ تم پر

عَلَيْكُمُ الْمَيْتَةُ وَ الدَّمُ وَ لَحْمُ الْخِنْزِيْرِ وَ مَآ

عَلَيْكُمُ	الْمَيْتَةُ	وَ	الدَّمُ	وَ	لَحْمُ الْخِنْزِيْرِ	وَ	مَآ
تمہارے اوپر	مردار	اور	خون	اور	سور کا گوشت	اور	(وہ جانور) جو

حرام کر دیا گیا ہے مردار اور خون اور سور کا گوشت اور وہ جانور

اُهِلَّ لِغَيْرِ اللّٰهِ بِهٖ وَ الْمُنْخَنِقَةُ وَ

اُهِلَّ [2]	لِغَيْرِ اللّٰهِ	بِهٖ	وَ	الْمُنْخَنِقَةُ	وَ
(ذبح کے وقت) پکارا جائے	اللہ کے غیر (کا نام)	اس پر	اور	گلا گھونٹنے سے مرنے والا	اور

جس کے ذبح کے وقت غیرُ اللہ کا نام پکارا گیا ہو اور وہ جو گلا گھونٹنے سے مرے اور

عنوان: نیکی اور پرہیز گاری پر باہم تعاون کرنے کا حکم — گناہ اور زیادتی پر باہم مدد نہ کرنے کا حکم — گیارہ حرام چیزوں کا بیان

(1)...... اس آیت میں اللہ تعالیٰ نے نیکی اور پرہیز گاری پر ایک دوسرے کی مدد کرنے اور گناہ و زیادتی پر باہمی تعاون نہ کرنے کا حکم دیا ہے۔ بِرّ سے مراد ہر وہ نیک کام ہے جس کے کرنے کا شریعت نے حکم دیا ہے اور تقویٰ سے مراد یہ ہے کہ ہر اس کام سے بچا جائے جس سے شریعت نے روکا ہے۔ اِثْم سے مراد گناہ ہے اور عُدْوَان سے مراد اللہ تعالیٰ کی حدود میں حد سے تجاوز کرنا ہے۔ (2)...... جس جانور کو ذبح کرتے وقت غیر خدا کا نام لیا گیا ہو وہ حرام ہے اور جس جانور کو ذبح تو صرف اللہ عَزَّوَجَلَّ کے نام پر کیا گیا ہو مگر دوسرے اوقات میں وہ غیرِ خدا کی طرف منسوب رہا ہو وہ حرام نہیں جیسے یہ کہہ دیا جائے کہ عبدُ اللہ کی گائے،==

الْمَوْقُوْذَةُ وَ الْمُتَرَدِّیَةُ وَ النَّطِیْحَةُ وَ

الْمَوْقُوْذَةُ	وَ	الْمُتَرَدِّیَةُ	وَ	النَّطِیْحَةُ	وَ
چوٹ مار کر ہلاک کیا گیا	اور	بلندی سے گر کر مرنے والا	اور	سینگ لگنے سے مرنے والا	اور

وہ جو بغیر دھاری دار چیز (کی چوٹ) سے مارا جائے اور جو بلندی سے گر کر مرا ہو اور جو کسی جانور کے سینگ مارنے

مَاۤ اَكَلَ السَّبُعُ اِلَّا مَا ذَكَّیْتُمْ قف وَ مَا ذُبِحَ

مَاۤ	اَكَلَ	السَّبُعُ	اِلَّا	مَا	ذَكَّیْتُمْ	وَ	مَا	ذُبِحَ
جو (جسے)	کھاجائیں	درندے	مگر	جو (جنہیں)	تم نے ذبح کرلیا	اور	جو	ذبح کیا گیا

سے مرا ہو اور وہ جسے کسی درندے نے کھالیا ہو مگر (درندوں کا شکار کیا ہوا) وہ جانور جنہیں تم نے (زندہ پاکر) ذبح کرلیا ہو

عَلَى النُّصُبِ وَ اَنْ تَسْتَقْسِمُوْا بِالْاَزْلَامِ ط ذٰلِكُمْ

عَلَى النُّصُبِ	وَ	اَنْ	تَسْتَقْسِمُوْا	بِالْاَزْلَامِ	ذٰلِكُمْ
بتوں (کے آستانے) پر	اور	یہ کہ	قسمت معلوم کرو	مخصوص تیروں کے ساتھ	یہ (کام)

اور جو کسی بت کے آستانے پر ذبح کیا گیا ہو اور (حرام ہے) کہ پانسے ڈال کر قسمت معلوم کرو یہ

فِسْقٌ ط اَلْیَوْمَ یَىٕسَ الَّذِیْنَ كَفَرُوْا مِنْ دِیْنِكُمْ

فِسْقٌ	اَلْیَوْمَ	یَىٕسَ الَّذِیْنَ كَفَرُوْا	مِنْ دِیْنِكُمْ
گناہ (ہے)	آج	مایوس ہوگئے وہ جنہوں نے کفر کیا	تمہارے دین سے

گناہ کا کام ہے۔ آج تمہارے دین کی طرف سے کافر ناامید ہوگئے

فَلَا تَخْشَوْهُمْ وَ اخْشَوْنِ ط اَلْیَوْمَ اَكْمَلْتُ لَكُمْ دِیْنَكُمْ

فَلَا تَخْشَوْهُمْ	وَ	اخْشَوْنِ	اَلْیَوْمَ	اَكْمَلْتُ (1)	لَكُمْ	دِیْنَكُمْ
تو نہ ڈرو ان سے	اور	ڈرو مجھ سے	آج	میں نے مکمل کردیا	تمہارے لئے	تمہارا دین

تو اُن سے نہ ڈرو اور مجھ سے ڈرو۔ آج میں نے تمہارے لئے تمہارا دین مکمل کردیا

عنوان: دینِ اسلام سے کفار کی مایوسی | دینِ اسلام مکمل کردیا گیا

= عقیقے کا بکرا، ولیمہ کا جانور یا فلاں ولی کے ایصالِ ثواب کا بکرا، گائے۔

(1) ...... مفسرین فرماتے ہیں کہ دین کا اِکمال یعنی مکمل کرنا یہ ہے کہ وہ پچھلی شریعتوں کی طرح منسوخ نہ ہوگا اور قیامت تک باقی رہے گا۔ اس سے معلوم ہوا کہ سیّدُ المرسلین صَلَّی اللّٰہُ تَعَالٰی عَلَیْہِ وَاٰلِہٖ وَسَلَّم کے بعد کوئی نبی نہیں بن سکتا کیونکہ دین کامل ہوچکا، سورج نکل آنے پر چراغ کی ضرورت نہیں، لہٰذا قادیانی مذہب باطل ہے۔ اصولِ دین میں زیادتی کمی نہیں ہوسکتی، البتہ اجتہادی فروعی مسئلے ہمیشہ نکلتے رہیں گے۔

وَ اَتْمَمْتُ عَلَيْكُمْ نِعْمَتِيْ وَ رَضِيْتُ لَكُمُ الْاِسْلَامَ دِيْنًا ؕ

وَ	اَتْمَمْتُ	عَلَيْكُمْ	نِعْمَتِيْ	وَ	رَضِيْتُ	لَكُمُ	الْاِسْلَامَ (1)	دِيْنًا
اور	پوری کر دی	تمہارے اوپر	اپنی نعمت	اور	پسند کیا	تمہارے لئے	اسلام (کو)	دین

اور میں نے تم پر اپنی نعمت پوری کر دی اور تمہارے لئے اسلام کو دین پسند کیا

فَمَنِ اضْطُرَّ فِيْ مَخْمَصَةٍ غَيْرَ مُتَجَانِفٍ لِّاِثْمٍ ۙ فَاِنَّ

فَمَنِ	اضْطُرَّ (2)	فِيْ مَخْمَصَةٍ	غَيْرَ مُتَجَانِفٍ	لِّاِثْمٍ	فَاِنَّ
تو جو	مجبور ہو جائے	بھوک پیاس کی شدت میں	نہ مائل ہونے والا	گناہ کی طرف	تو بیشک

تو جو بھوک پیاس کی شدت میں مجبور ہو اس حال میں کہ گناہ کی طرف مائل نہ ہو (تو وہ کھا سکتا ہے۔) تو بیشک

اللّٰهَ غَفُوْرٌ رَّحِيْمٌ ۳ يَسْـَٔلُوْنَكَ مَاذَآ اُحِلَّ لَهُمْ ؕ قُلْ

اللّٰهَ	غَفُوْرٌ	رَّحِيْمٌ ۳	يَسْـَٔلُوْنَكَ	مَاذَآ	اُحِلَّ	لَهُمْ	قُلْ
اللہ	بخشنے والا	مہربان	وہ پوچھتے ہیں تم سے	کیا	حلال کیا گیا	ان کے لئے	تم کہو

اللہ بخشنے والا مہربان ہے ○ اے حبیب! تم سے پوچھتے ہیں کہ اُن کے لئے کیا حلال ہوا؟ تم فرمادو کہ

اُحِلَّ لَكُمُ الطَّيِّبٰتُ ۙ وَ مَا عَلَّمْتُمْ

اُحِلَّ	لَكُمُ	الطَّيِّبٰتُ	وَ	مَا	عَلَّمْتُمْ
حلال کی گئیں	تمہارے لئے	پاک چیزیں	اور	(ان کا شکار) جو (جنہیں)	تم نے سکھا دیا

حلال کی گئیں تمہارے لئے پاک چیزیں اور ان شکاری جانوروں (کا شکار) جنہیں

مِّنَ الْجَوَارِحِ مُكَلِّبِيْنَ تُعَلِّمُوْنَهُنَّ مِمَّا عَلَّمَكُمُ اللّٰهُ ز

مِّنَ الْجَوَارِحِ	مُكَلِّبِيْنَ	تُعَلِّمُوْنَهُنَّ	مِمَّا	عَلَّمَكُمُ	اللّٰهُ
شکاری جانوروں سے	شکار پر دوڑاتے ہوئے	تم سکھاتے ہو انہیں	(اس) سے جو	سکھایا تمہیں	اللہ (نے)

تم نے شکار پر دوڑاتے ہوئے شکار کرنا سکھا دیا ہے۔ تم انہیں وہ سکھاتے ہو جس کی اللہ نے تمہیں تعلیم دی ہے

عنوان: فتح مکہ سے نعمتِ الٰہی پوری کردی گئی — اللہ تعالیٰ کا پسندیدہ دین اسلام ہے — شرعی مجبور چند شرائط کے ساتھ ممنوعہ چیزیں کھا سکتا ہے — پاک چیزیں ہی حلال ہیں — چند شرائط کے ساتھ شکاری جانور کا شکار حلال ہے

(1)..... اس سے معلوم ہوا کہ صرف اسلام اللہ عَزَّوَجَلَّ کو پسند ہے یعنی جو دینِ محمدی کی صورت میں اب موجود ہے، باقی سب دین اب ناقابلِ قبول ہیں اور یہ بھی معلوم ہوا کہ اسلام کو چھوڑ کر کوئی لاکھوں نیکیاں کرے خدا عَزَّوَجَلَّ کو پیارا نہیں کیونکہ اسلام جڑ ہے اور اعمال شاخیں اور پتے اور جڑ کٹ جانے کے بعد شاخوں اور پتوں کو پانی دینا بے کار ہے۔ (2)..... اس کا مطلب یہ ہے کہ جب کھانے پینے کو کوئی حلال چیز میسر ہی نہ آئے اور بھوک پیاس کی شدت سے جان پر بن جائے تو اس وقت جان بچانے کے لئے بقدرِ ضرورت کھانے پینے کی اجازت ہے اور ضرورت اسی قدر کھانے سے پوری ہو جاتی ہے جس سے خطرۂ جان جاتا رہے۔

فَكُلُوْا مِمَّآ اَمْسَكْنَ عَلَيْكُمْ وَاذْكُرُوا اسْمَ اللّٰهِ

فَكُلُوْا	مِمَّآ	اَمْسَكْنَ	عَلَيْكُمْ	وَ	اذْكُرُوا (1)	اسْمَ اللّٰهِ
تو کھاؤ	(اس شکار) سے جو	وہ روک دیں	تمہارے اوپر	اور	(چھوڑتے وقت) ذکر کرو	اللہ کا نام

تواس میں سے کھاؤ جو وہ شکار کر کے تمہارے لئے روک دیں اور (شکاری جانور کو چھوڑتے وقت) اس پر اللہ کا نام

عَلَيْهِ ۪ وَاتَّقُوا اللّٰهَ ؕ اِنَّ اللّٰهَ سَرِيْعُ الْحِسَابِ ﴿۴﴾

عَلَيْهِ	وَ	اتَّقُوا	اللّٰهَ	اِنَّ	اللّٰهَ	سَرِيْعُ الْحِسَابِ ﴿۴﴾
اس (شکاری جانور) پر	اور	ڈرتے رہو	اللہ (سے)	بیشک	اللہ	جلد حساب لینے والا (ہے)

لو اور اللہ سے ڈرتے رہو بیشک اللہ بہت جلد حساب لینے والا ہے ○

اَلْيَوْمَ اُحِلَّ لَكُمُ الطَّيِّبٰتُ ؕ وَطَعَامُ الَّذِيْنَ اُوْتُوا الْكِتٰبَ

اَلْيَوْمَ	اُحِلَّ	لَكُمُ	الطَّيِّبٰتُ	وَ	طَعَامُ الَّذِيْنَ اُوْتُوا الْكِتٰبَ (2)
آج	حلال کر دی گئیں	تمہارے لئے	پاک چیزیں	اور	ان لوگوں کا کھانا جنہیں کتاب دی گئی

آج تمہارے لئے پاک چیزیں حلال کر دی گئیں اور اہلِ کتاب کا کھانا

حِلٌّ لَّكُمْ ۪ وَطَعَامُكُمْ حِلٌّ لَّهُمْ ۫ وَ

حِلٌّ	لَّكُمْ	وَ	طَعَامُكُمْ	حِلٌّ	لَّهُمْ	وَ
حلال ہے	تمہارے لئے	اور	تمہارا کھانا	حلال ہے	ان کے لئے	اور

تمہارے لئے حلال ہے اور تمہارا کھانا ان کے لئے حلال ہے اور

الْمُحْصَنٰتُ مِنَ الْمُؤْمِنٰتِ وَالْمُحْصَنٰتُ مِنَ

الْمُحْصَنٰتُ	مِنَ الْمُؤْمِنٰتِ	وَ	الْمُحْصَنٰتُ	مِنَ
(تمہارے لئے حلال کی گئیں) پاکدامن عورتیں	ایمان والیوں سے	اور	پاکدامن عورتیں	سے

پاکدامن مسلمان عورتیں اور جن لوگوں کو تم سے پہلے کتاب دی گئی

عنوان: پاکیزہ چیزیں اور حقیقی اہلِ کتاب کا ذبیحہ حلال ہے — اہلِ کتاب عورتوں سے نکاح حلال ہے

(1)...... خلاصہ یہ ہے کہ شکار پر چھوڑے ہوئے جانور کا شکار چند شرطوں سے حلال ہے۔(1) شکاری جانور مسلمان یا کتابی کا ہو اور سکھایا ہوا ہو۔(2) اس نے شکار کو زخم لگا کر مارا ہو۔(3) شکاری جانور بِسْمِ اللّٰهِ اَللّٰهُ اَكْبَرْ کہہ کر چھوڑا گیا ہو۔(4) اگر شکاری کے پاس شکار زندہ پہنچا ہو تو اس کو بِسْمِ اللّٰهِ اَللّٰهُ اَكْبَرْ کہہ کر ذبح کرے اگر ان شرطوں میں سے کوئی شرط نہ پائی گئی تو حلال نہ ہو گا۔ (2)...... اہلِ کتاب کا ذبح کیا ہوا جانور بھی مسلمانوں کیلئے حلال ہے لیکن یہ یاد رکھنا نہایت ضروری ہے کہ اُن اہلِ کتاب کا ذبیحہ حلال ہے جو واقعی اہلِ کتاب ہوں، موجودہ زمانے میں عیسائیوں کی بہت بڑی تعداد دہریہ اور خدا کے منکر ہو چکے ہیں لہٰذا ان کا ذبیحہ حلال نہیں۔

الَّذِیْنَ اُوْتُوا الْكِتٰبَ مِنْ قَبْلِكُمْ اِذَآ اٰتَیْتُمُوْهُنَّ اُجُوْرَهُنَّ

الَّذِیْنَ اُوْتُوا الْكِتٰبَ (1)	مِنْ قَبْلِكُمْ	اِذَآ	اٰتَیْتُمُوْهُنَّ	اُجُوْرَهُنَّ
ان لوگوں کی جنہیں کتاب دی گئی	تم سے پہلے	جب	تم دو انہیں	ان کے مہر

ان کی پاکدامن عورتیں (تمہارے لئے حلال کر دی گئیں) جبکہ تم ان سے نکاح کرتے ہوئے

مُحْصِنِیْنَ غَیْرَ مُسٰفِحِیْنَ وَ لَا مُتَّخِذِیْٓ

مُحْصِنِیْنَ	غَیْرَ مُسٰفِحِیْنَ	وَ	لَا مُتَّخِذِیْٓ
نکاح کرنے والے (ہوں)	نہ کہ بدکاری کرنے والے (ہوں)	اور	نہ بنانے والے (ہوں)

انہیں ان کے مہر دو، نہ زنا کرتے ہوئے اور نہ انہیں پوشیدہ آشنا

اَخْدَانٍ ؕ وَ مَنْ یَّكْفُرْ بِالْاِیْمَانِ فَقَدْ حَبِطَ

اَخْدَانٍ	وَ	مَنْ	یَّكْفُرْ	بِالْاِیْمَانِ	فَقَدْ	حَبِطَ
چھپے آشنا، خفیہ دوست	اور	جو	کافر ہو جائے	ایمان سے (پھر کر)	تو بیشک	برباد ہو گیا

بناتے ہوئے اور جو ایمان سے پھر کر کافر ہو جائے تو اس کا

عَمَلُهٗ٘ وَ هُوَ فِی الْاٰخِرَةِ مِنَ الْخٰسِرِیْنَ ۠ ﴿۵﴾ یٰۤاَیُّهَا الَّذِیْنَ

عَمَلُهٗ	وَ	هُوَ	فِی الْاٰخِرَةِ	مِنَ الْخٰسِرِیْنَ ﴿۵﴾	یٰۤاَیُّهَا	الَّذِیْنَ
اس کا عمل	اور	وہ	آخرت میں	خسارہ پانے والوں سے (ہو گا)	اے	وہ لوگو جو

ہر عمل برباد ہو گیا اور وہ آخرت میں خسارہ پانے والوں میں ہو گا ○ اے ایمان

اٰمَنُوْۤا اِذَا قُمْتُمْ اِلَى الصَّلٰوةِ فَاغْسِلُوْا وُجُوْهَكُمْ وَ

اٰمَنُوْۤا	اِذَا	قُمْتُمْ	اِلَى الصَّلٰوةِ	فَاغْسِلُوْا	وُجُوْهَكُمْ	وَ
ایمان لائے	جب	تم کھڑے ہونے لگو	نماز کی طرف	تو دھو لو	اپنے چہرے	اور

والو! جب تم نماز کی طرف کھڑے ہونے لگو تو اپنے چہروں کو اور

عنوان: مرتد کے نیک اعمال برباد ہو جاتے ہیں — وضو کے فرائض کا بیان

(1)..... اہلِ کتاب کی عورتوں سے نکاح حلال ہے لیکن اس میں بھی یہ شرط ہے کہ وہ واقعی اہلِ کتاب ہوں، دہریہ نہ ہوں جیسے آج کل بہت سے ایسے بھی ہیں اور یہ اجازت بھی دارالاسلام میں رہنے والی ذمیہ اہلِ کتاب عورت کے ساتھ ہے۔ موجودہ زمانے میں جو اہلِ کتاب ہیں یہ حربی ہیں اور حربیہ اہلِ کتاب کے ساتھ نکاح کرنا مکروہ تحریمی ہے۔ نیز ایک اور اہم مسئلہ یہ ہے کہ یہ اجازت صرف مسلمان مردوں کو ہے مسلمان عورت کا نکاح کتابی مرد سے قطعی حرام ہے۔

اَيْدِيَكُمْ اِلَى الْمَرَافِقِ وَامْسَحُوْا بِرُءُوْسِكُمْ وَاَرْجُلَكُمْ

اَيْدِيَكُمْ	اِلَى الْمَرَافِقِ [1]	وَ	امْسَحُوْا	بِرُءُوْسِكُمْ	وَ	اَرْجُلَكُمْ
اپنے ہاتھ	کہنیوں تک	اور	مسح کرو	اپنے سروں کا	اور	اپنے پاؤں (دھولو)

اپنے ہاتھ کہنیوں تک دھولو اور سروں کا مسح کرو اور ٹخنوں تک پاؤں

اِلَى الْكَعْبَيْنِ ؕ وَاِنْ كُنْتُمْ جُنُبًا فَاطَّهَّرُوْا ؕ وَاِنْ كُنْتُمْ

اِلَى الْكَعْبَيْنِ [2]	وَ	اِنْ	كُنْتُمْ	جُنُبًا	فَاطَّهَّرُوْا	وَ	اِنْ	كُنْتُمْ
ٹخنوں تک	اور	اگر	تم ہو	ناپاکی کی حالت میں	توخوب پاک ہو جاؤ	اور	اگر	تم ہو

دھولو اور اگر تم بے غسل ہو توخوب پاک ہو جاؤ اور اگر تم

مَّرْضٰۤى اَوْ عَلٰى سَفَرٍ اَوْ جَآءَ اَحَدٌ مِّنْكُمْ مِّنَ الْغَآىِٕطِ

مَّرْضٰۤى	اَوْ	عَلٰى سَفَرٍ	اَوْ	جَآءَ	اَحَدٌ	مِّنْكُمْ	مِّنَ الْغَآىِٕطِ
مریض، بیمار	یا	سفر پر (ہو)	یا	آئے	کوئی ایک	تم میں سے	قضائے حاجت سے

بیمار ہو یا سفر میں ہو یا تم میں سے کوئی بیت الخلاء سے آیا ہو

اَوْ لٰمَسْتُمُ النِّسَآءَ فَلَمْ تَجِدُوْا مَآءً فَتَيَمَّمُوْا صَعِيْدًا طَيِّبًا

اَوْ	لٰمَسْتُمُ	النِّسَآءَ	فَلَمْ تَجِدُوْا	مَآءً	فَتَيَمَّمُوْا	صَعِيْدًا طَيِّبًا
یا	تم نے صحبت کی ہو	عورتوں (سے)	پس تم نہ پاؤ	پانی	تو تیمم کرلو	پاک مٹی (سے)

یا تم نے عورتوں سے صحبت کی ہو اور ان صورتوں میں پانی نہ پاؤ تو پاک مٹی سے تیمم کرلو

فَامْسَحُوْا بِوُجُوْهِكُمْ وَاَيْدِيْكُمْ مِّنْهُ ؕ مَا يُرِيْدُ اللّٰهُ

فَامْسَحُوْا	بِوُجُوْهِكُمْ وَاَيْدِيْكُمْ	مِّنْهُ	مَا يُرِيْدُ	اللّٰهُ
تو مسح کرلو	اپنے چہروں اور ہاتھوں کا	اس (مٹی) سے	نہیں چاہتا	اللہ

تو اپنے چہروں اور ہاتھوں کا اس سے مسح کرلو۔ اللہ نہیں چاہتا کہ

عنوان: حالتِ جنابت میں غسل کرنے کا حکم — تیمم کے اسباب اور اس کا طریقہ — اُمتِ محمدیہ پر اللہ تعالیٰ کا فضل و احسان

[1]...... اس آیت میں وضو کے فرائض، غسل اور تیمم کے چند احکام بیان کئے گئے ہیں، ان سے متعلق تفصیلی معلومات حاصل کرنے کے لئے فقہی کتابوں جیسے بہارِ شریعت اور نماز کے احکام وغیرہ کا مطالعہ فرمائیں۔

[2]...... جہاں دھونے کا حکم ہے وہاں دھونا ہی ضروری ہے وہاں مسح نہیں کر سکتے جیسے پاؤں کو دھونا ہی ضروری ہے مسح کرنے کی اجازت نہیں، ہاں اگر موزے پہنے ہوں تو اس کی شرائط پائے جانے کی صورت میں موزوں پر مسح کر سکتے ہیں کہ یہ احادیثِ مشہورہ سے ثابت ہے۔

لِیَجْعَلَ عَلَیْكُمْ مِّنْ حَرَجٍ وَّ لٰكِنْ یُّرِیْدُ لِیُطَهِّرَكُمْ

لِیَجْعَلَ	عَلَیْكُمْ	مِّنْ حَرَجٍ	وَّ	لٰكِنْ	یُّرِیْدُ	لِیُطَهِّرَكُمْ
وہ بنائے	تمہارے اوپر	کوئی حرج	اور	لیکن	وہ چاہتا ہے	خوب پاک کردے تمہیں

تم پر کچھ تنگی رکھے لیکن وہ یہ چاہتا ہے کہ تمہیں خوب پاک کردے

وَ لِیُتِمَّ نِعْمَتَهٗ عَلَیْكُمْ لَعَلَّكُمْ تَشْكُرُوْنَ ۝۶ وَ اذْكُرُوْا

وَ	لِیُتِمَّ	نِعْمَتَهٗ	عَلَیْكُمْ	لَعَلَّكُمْ	تَشْكُرُوْنَ ۝۶	وَ	اذْكُرُوْا
اور	پوری کردے	اپنی نعمت	تمہارے اوپر	تاکہ تم	شکر ادا کرو	اور	یاد کرو

اور اپنی نعمت تم پر پوری کردے تاکہ تم شکر ادا کرو ۝ اور

نِعْمَةَ اللّٰهِ عَلَیْكُمْ وَ مِیْثَاقَهُ الَّذِیْ وَاثَقَكُمْ

نِعْمَةَ اللّٰهِ (1)	عَلَیْكُمْ	وَ	مِیْثَاقَهُ	الَّذِیْ	وَاثَقَكُمْ
اللہ کی نعمت، احسان	اپنے اوپر	اور	اس کا پختہ عہد	جو	اس نے لیا تم سے

اپنے اوپر اللہ کا احسان اور اس کا وہ عہد یاد کرو جو اس نے تم سے لیا تھا

بِهٖۤ ۙ اِذْ قُلْتُمْ سَمِعْنَا وَ اَطَعْنَا٘ وَ اتَّقُوا

بِهٖۤ	اِذْ	قُلْتُمْ	سَمِعْنَا	وَ	اَطَعْنَا	وَ	اتَّقُوا
اس کے ساتھ	جب	تم نے کہا	ہم نے سنا	اور	ہم نے اطاعت کی	اور	ڈرو

جب تم نے کہا: ہم نے سنا اور مانا اور اللہ سے

اللّٰهَ ؕ اِنَّ اللّٰهَ عَلِیْمٌۢ بِذَاتِ الصُّدُوْرِ ۝۷ یٰۤاَیُّهَا الَّذِیْنَ اٰمَنُوْا

اللّٰهَ	اِنَّ	اللّٰهَ	عَلِیْمٌۢ	بِذَاتِ الصُّدُوْرِ ۝۷	یٰۤاَیُّهَا	الَّذِیْنَ	اٰمَنُوْا
اللہ (سے)	بیشک	اللہ	جاننے والا	دلوں والی (بات) کو	اے	وہ لوگو جو	ایمان لائے

ڈرو۔ بیشک اللہ دلوں کی بات جانتا ہے ۝ اے ایمان والو!

عنوان: بیعتِ عقبہ اور بیعتِ رضوان کے موقع پر کیا جانے والا عہد یاد کرنے کا حکم | ہر حال عدل وانصاف پر قائم رہنے اور ناانصافی نہ کرنے کا حکم

(1)......اس آیت میں اللہ تعالیٰ کی نعمت سے مراد بیعت عقبہ یا بیعت رضوان ہے اور اس سے معلوم ہوا: (1) انسان ہر نیکی رب عَزَّوَجَلَّ کی توفیق سے کرتا ہے لہٰذا اس پر فخر نہ کرے بلکہ رب کریم عَزَّوَجَلَّ کا شکر ادا کرے۔ (2) بیعت عقبہ اور بیعت رضوان والے سارے صحابہ کرام رَضِیَ اللّٰہُ تَعَالٰی عَنْہُمْ اللہ عَزَّوَجَلَّ کے مقبول بندے ہیں جنہیں اُس بیعت کا شرف بخشا گیا۔ اسی بیعت کو یہاں نعمت قرار دیا گیا ہے۔

كُوْنُوْا قَوّٰمِيْنَ لِلّٰهِ شُهَدَآءَ بِالْقِسْطِ٘ وَ

وَ	بِالْقِسْطِ (1)	شُهَدَآءَ	لِلّٰهِ	قَوّٰمِيْنَ	كُوْنُوْا
اور	انصاف کے ساتھ	گواہی دینے والے	اللہ کے لئے	خوب قائم رہنے والے	ہوجاؤ

انصاف کے ساتھ گواہی دیتے ہوئے اللہ کے حکم پر خوب قائم ہوجاؤ اور

لَا يَجْرِمَنَّكُمْ شَنَاٰنُ قَوْمٍ عَلٰۤى اَلَّا تَعْدِلُوْا ؕ اِعْدِلُوْا ۟ قف هُوَ

هُوَ	اِعْدِلُوْا	اَلَّا تَعْدِلُوْا	عَلٰۤى	شَنَاٰنُ قَوْمٍ	لَا يَجْرِمَنَّكُمْ
وہ	انصاف کرو	کہ تم انصاف نہ کرو	(اس) پر	کسی قوم کی دشمنی، بغض	نہ ابھارے تمہیں

تمہیں کسی قوم کی عداوت اس پر نہ اُبھارے کہ تم انصاف نہ کرو (بلکہ) انصاف کرو، یہ

اَقْرَبُ لِلتَّقْوٰى٘ وَاتَّقُوا اللّٰهَ ؕ اِنَّ اللّٰهَ خَبِيْرٌۢ

خَبِيْرٌۢ	اللّٰهَ	اِنَّ	اللّٰهَ	اتَّقُوا	وَ	لِلتَّقْوٰى	اَقْرَبُ
خبردار (ہے)	اللہ	بیشک	اللہ (سے)	ڈرو	اور	پرہیزگاری کے	زیادہ قریب ہے

پرہیزگاری کے زیادہ قریب ہے اور اللہ سے ڈرو، بیشک اللہ تمہارے

بِمَا تَعْمَلُوْنَ ۝۸ وَعَدَ اللّٰهُ الَّذِيْنَ اٰمَنُوْا

اٰمَنُوْا	الَّذِيْنَ	اللّٰهُ	وَعَدَ	تَعْمَلُوْنَ ۝۸	بِمَا
ایمان لائے	ان لوگوں سے جو	اللہ (نے)	وعدہ فرمایا	تم کرتے ہو	(اس) سے جو

تمام اعمال سے خبردار ہے ○ اللہ نے ایمان والوں

وَعَمِلُوا الصّٰلِحٰتِ ۙ لَهُمْ مَّغْفِرَةٌ وَّاَجْرٌ عَظِيْمٌ ۝۹ وَ

وَ	اَجْرٌ عَظِيْمٌ ۝۹	وَّ	مَّغْفِرَةٌ	لَهُمْ	الصّٰلِحٰتِ (2)	عَمِلُوا	وَ
اور	بڑا ثواب	اور	بخشش	ان کے لئے	اچھے، نیک	انہوں نے عمل کئے	اور

اور اچھے عمل کرنے والوں سے وعدہ فرمایا ہے کہ ان کے لئے بخشش اور بڑا ثواب ہے ○ اور

عنوان: باعمل مسلمانوں سے بخشش اور بڑے ثواب کا وعدہ | دائمی جہنمی صرف کافر ہیں

(1)...... اس آیتِ مبارکہ میں بطورِ خاص گواہی دینے کے معاملے میں عدل و انصاف سے کام لینے کا حکم فرمایا گیا ہے اور یہ بھی فرمایا گیا کہ کسی سے عداوت و دشمنی تمہیں عدل کے تقاضوں سے نہ ہٹا سکے۔ یہ دینِ اسلام کی عظیم الشان تعلیمات میں سے ایک اعلیٰ تعلیم ہے۔

(2)...... اچھے اعمال سے مراد ہر وہ عمل ہے جو رضائے الٰہی کا سبب بنے۔ اس میں فرائض و واجبات، سنتیں، مستحبات، جانی و مالی عبادتیں، حقوقُ اللہ اور حقوقُ العباد وغیرہ سب داخل ہیں۔

وَالَّذِيْنَ كَفَرُوْا وَكَذَّبُوْا بِاٰيٰتِنَآ اُولٰٓئِكَ اَصْحٰبُ الْجَحِيْمِ ﴿۱۰﴾

الَّذِيْنَ	كَفَرُوْا	وَ	كَذَّبُوْا	بِاٰيٰتِنَآ	اُولٰٓئِكَ	اَصْحٰبُ الْجَحِيْمِ ﴿۱۰﴾ [1]
وہ لوگ جنھوں نے	کفر کیا	اور	جھٹلایا	ہماری آیتوں کو	یہ لوگ	جہنم والے (ہیں)

جنھوں نے کفر کیا اور ہماری آیتوں کو جھٹلایا وہی دوزخ والے ہیں ○

يٰٓاَيُّهَا الَّذِيْنَ اٰمَنُوا اذْكُرُوْا نِعْمَتَ اللّٰهِ عَلَيْكُمْ اِذْ هَمَّ

يٰٓاَيُّهَا	الَّذِيْنَ	اٰمَنُوْا	اذْكُرُوْا	نِعْمَتَ اللّٰهِ	عَلَيْكُمْ	اِذْ	هَمَّ
اے	وہ لوگو جو	ایمان لائے	یاد کرو	اللہ کی نعمت	اپنے اوپر	جب	ارادہ کیا

اے ایمان والو! اپنے اوپر اللہ کا احسان یاد کرو جب ایک قوم نے

قَوْمٌ اَنْ يَّبْسُطُوْٓا اِلَيْكُمْ اَيْدِيَهُمْ فَكَفَّ

قَوْمٌ	اَنْ	يَّبْسُطُوْٓا	اِلَيْكُمْ	اَيْدِيَهُمْ	فَكَفَّ [2]
ایک قوم (نے)	کہ	پھیلائیں، دراز کریں	تمہاری طرف	اپنے ہاتھ	تو (اللہ نے) روک دیئے

ارادہ کیا کہ تمہاری طرف اپنے ہاتھ دراز کریں تو اللہ نے

اَيْدِيَهُمْ عَنْكُمْ ۚ وَاتَّقُوا اللّٰهَ ؕ وَعَلَى اللّٰهِ فَلْيَتَوَكَّلِ

اَيْدِيَهُمْ	عَنْكُمْ	وَ	اتَّقُوا	اللّٰهَ	وَ	عَلَى اللّٰهِ	فَلْيَتَوَكَّلِ
ان کے ہاتھ	تم سے	اور	ڈرو	اللہ (سے)	اور	اللہ پر	پس بھروسہ کریں

ان کے ہاتھ تم پر سے روک دیئے اور اللہ سے ڈرو اور مسلمانوں کو اللہ ہی پر

الْمُؤْمِنُوْنَ ﴿۱۱﴾ ع وَلَقَدْ اَخَذَ اللّٰهُ مِيْثَاقَ بَنِيْٓ اِسْرَآءِيْلَ ۚ وَ

الْمُؤْمِنُوْنَ ﴿۱۱﴾	وَ	لَقَدْ	اَخَذَ	اللّٰهُ	مِيْثَاقَ	بَنِيْٓ اِسْرَآءِيْلَ	وَ
ایمان والے	اور	ضرور بیشک	لیا	اللہ (نے)	عہد	بنی اسرائیل (سے)	اور

بھروسہ کرنا چاہیے ○ اور بیشک اللہ نے بنی اسرائیل سے عہد لیا اور

عنوان: کفار کے شر سے بچ جانا نعمتِ الٰہی ہے | بنی اسرائیل سے لیا گیا ایک عہد اور اسے پورا کرنے والوں کی جزاء

1..... اس آیت سے معلوم ہوا کہ دائمی جہنمی صرف کافر ہیں جبکہ مسلمان ہمیشہ کے لئے جہنم میں نہ رہیں گے۔

2..... اس سے معلوم ہوا کہ کفار کے دل میں مسلمانوں کی ہیبت ڈال دینا، یا ان کے مقابلے میں مسلمانوں کے دل میں ہمت و جرأت پیدا فرما دینا، یا کفار کی تدبیروں سے مسلمانوں کو بچالینا اللہ تعالیٰ کا خاص کرم ہے۔

بَعَثْنَا مِنْهُمُ اثْنَيْ عَشَرَ نَقِيْبًا ؕ وَ قَالَ اللّٰهُ

بَعَثْنَا	مِنْهُمُ	اثْنَيْ عَشَرَ	نَقِيْبًا	وَ	قَالَ	اللّٰهُ
ہم نے قائم کئے، مقرر کیے	ان میں سے	بارہ	نقیب، سردار	اور	فرمایا	اللہ (نے)

ہم نے ان میں بارہ سردار قائم کیے اور اللہ نے فرمایا:

اِنِّیْ مَعَكُمْ ؕ لَىٕنْ اَقَمْتُمُ الصَّلٰوةَ وَ اٰتَیْتُمُ الزَّكٰوةَ

اِنِّیْ	مَعَكُمْ	لَىٕنْ	اَقَمْتُمُ	الصَّلٰوةَ	وَ	اٰتَیْتُمُ	الزَّكٰوةَ
بیشک میں	تمہارے ساتھ (ہوں)	ضرور اگر	تم قائم کرو	نماز	اور	ادا کرو	زکوٰۃ

بیشک میں تمہارے ساتھ ہوں۔ اگر تم نماز قائم رکھو اور زکوٰۃ دیتے رہو

وَ اٰمَنْتُمْ بِرُسُلِیْ وَ عَزَّرْتُمُوْهُمْ وَ اَقْرَضْتُمُ اللّٰهَ

وَ	اٰمَنْتُمْ	بِرُسُلِیْ	وَ	عَزَّرْتُمُوْهُمْ (1)	وَ	اَقْرَضْتُمُ	اللّٰهَ
اور	ایمان لاؤ	میرے رسولوں پر	اور	تعظیم کرو ان کی	اور	قرض دو	اللہ (کو)

اور میرے رسولوں پر ایمان لاؤ اور ان کی تعظیم کرو اور اللہ کو

قَرْضًا حَسَنًا لَّاُكَفِّرَنَّ عَنْكُمْ سَیِّاٰتِكُمْ وَ لَاُدْخِلَنَّكُمْ

قَرْضًا حَسَنًا (2)	لَّاُكَفِّرَنَّ	عَنْكُمْ	سَیِّاٰتِكُمْ	وَ	لَاُدْخِلَنَّكُمْ
قرضِ حسن	ضرور میں مٹادوں گا	تم سے	تمہارے گناہ	اور	ضرور داخل کروں گا تمہیں

قرض حسن دو تو بیشک میں تم سے تمہارے گناہ مٹادوں گا اور ضرور تمہیں

جَنّٰتٍ تَجْرِیْ مِنْ تَحْتِهَا الْاَنْهٰرُ ۚ فَمَنْ كَفَرَ بَعْدَ ذٰلِكَ

جَنّٰتٍ	تَجْرِیْ	مِنْ تَحْتِهَا	الْاَنْهٰرُ	فَمَنْ	كَفَرَ	بَعْدَ ذٰلِكَ
باغات (میں)	بہتی ہیں	ان کے نیچے	نہریں	تو جو	کفر کرے	اس کے بعد

ان باغوں میں داخل کروں گا جن کے نیچے نہریں جاری ہیں تو اس (عہد) کے بعد

1 ...... اس آیت میں رسولوں پر ایمان لانے کے ساتھ ان کی تعظیم کا حکم دیا گیا ہے۔ اس سے معلوم ہوا کہ انبیاء کرام عَلَیْهِمُ الصَّلٰوۃُ وَالسَّلَام کی تعظیم اہم ترین فرائض میں سے ہے۔

2 ...... یہاں قرض حسن سے زکوٰۃ کے علاوہ صدقات مراد ہیں۔ اس سے معلوم ہوا کہ صرف زکوٰۃ دینے پر ہی قناعت نہ کی جائے بلکہ اس کے علاوہ نفلی صدقات بھی دیتے رہنا چاہئے۔

مِنْكُمْ فَقَدْ ضَلَّ سَوَآءَ السَّبِيْلِ ﴿١٢﴾ فَبِمَا نَقْضِهِمْ مِّيْثَاقَهُمْ

مِنْكُمْ	فَقَدْ	ضَلَّ	سَوَآءَ السَّبِيْلِ ﴿١٢﴾	فَبِمَا نَقْضِهِمْ مِّيْثَاقَهُمْ (1)
تم میں سے	تو بیشک	وہ بھٹک گیا	سیدھے راستے (سے)	تو ان کے اپنا عہد توڑنے کے سبب

تم میں سے جس نے کفر کیا تو وہ ضرور سیدھی راہ سے بھٹک گیا ○ تو ان کے عہد توڑنے کی وجہ سے

لَعَنّٰهُمْ وَ جَعَلْنَا قُلُوْبَهُمْ قٰسِيَةً ۚ يُحَرِّفُوْنَ

لَعَنّٰهُمْ	وَ	جَعَلْنَا	قُلُوْبَهُمْ	قٰسِيَةً	يُحَرِّفُوْنَ
ہم نے لعنت کی ان پر	اور	ہم نے کر دیئے	ان کے دل	سخت	وہ بدل دیتے ہیں

ہم نے ان پر لعنت کی اور ان کے دل سخت کر دیئے۔ وہ اللہ کی باتوں کو

الْكَلِمَ عَنْ مَّوَاضِعِهٖ ۙ وَ نَسُوْا حَظًّا مِّمَّا ذُكِّرُوْا

الْكَلِمَ	عَنْ مَّوَاضِعِهٖ	وَ	نَسُوْا	حَظًّا	مِّمَّا	ذُكِّرُوْا
کلمات (کو)	ان کی جگہوں سے	اور	انہوں نے بھلا دیا	بڑا حصہ	(اس) کا جو	انہیں نصیحت کی گئی

ان کے مقامات سے بدل دیتے ہیں اور انہوں نے ان نصیحتوں کا بڑا حصہ بھلا دیا جو انہیں کی گئی تھیں

بِهٖ ۚ وَ لَا تَزَالُ تَطَّلِعُ عَلٰى خَآئِنَةٍ مِّنْهُمْ اِلَّا

بِهٖ	وَ	لَا تَزَالُ	تَطَّلِعُ	عَلٰى خَآئِنَةٍ مِّنْهُمْ	اِلَّا
اس کے ساتھ	اور	ہمیشہ	تم مطلع ہوتے رہو گے	ان کی طرف سے کسی خیانت پر	مگر

اور تم ان میں سے چند ایک کے علاوہ سب کی کسی نہ کسی خیانت پر مطلع ہوتے

قَلِيْلًا مِّنْهُمْ فَاعْفُ عَنْهُمْ وَ اصْفَحْ ؕ اِنَّ اللّٰهَ يُحِبُّ

قَلِيْلًا مِّنْهُمْ	فَاعْفُ	عَنْهُمْ	وَ	اصْفَحْ	اِنَّ	اللّٰهَ	يُحِبُّ
ان میں سے تھوڑے	تو معاف کر دو	ان سے (انہیں)	اور	در گزر کرو	بیشک	اللہ	پسند فرماتا ہے

رہو گے تو انہیں معاف کر دو اور ان سے در گزر کرو بیشک اللہ احسان کرنے والوں سے

عنوان: بنی اسرائیل کی بداعمالیاں اور ان کی دنیوی سزا — خیانت کرنا بنی اسرائیل کی اکثریت کی عادت ہے — عفوودرگزر کا حکم

(1)...... اس سے معلوم ہوا کہ وعدہ خلافی کرنا اور عہد توڑ دینا بہت بڑا جرم ہے، اس کی وجہ سے بندہ رحمت الٰہی سے دور اور دل کی سختی کا شکار ہو جاتا ہے۔

الْمُحْسِنِيْنَ ﴿١٣﴾ وَمِنَ الَّذِيْنَ قَالُوْۤا اِنَّا نَصٰرٰۤى

نَصٰرٰۤى	اِنَّا	قَالُوْۤا	مِنَ الَّذِيْنَ	وَ	الْمُحْسِنِيْنَ ﴿١٣﴾ (1)
نصاریٰ ہیں	بیشک ہم	کہا	ان لوگوں سے جنہوں نے	اور	احسان کرنے والوں (کو)

محبت فرماتا ہے ○ اور جنہوں نے دعویٰ کیا کہ ہم نصاریٰ ہیں

اَخَذْنَا مِيْثَاقَهُمْ فَنَسُوْا حَظًّا مِّمَّا ذُكِّرُوْا

ذُكِّرُوْا	مِّمَّا	حَظًّا	فَنَسُوْا	مِيْثَاقَهُمْ	اَخَذْنَا
انہیں نصیحت کی گئی	(اس میں) سے جو	بڑا حصہ	تو انہوں نے بھلا دیا	ان سے عہد	ہم نے لیا

ان سے ہم نے عہد لیا تو وہ ان نصیحتوں کا بڑا حصہ بھلا بیٹھے جو انہیں

بِهٖ ۪ فَاَغْرَيْنَا بَيْنَهُمُ الْعَدَاوَةَ وَالْبَغْضَآءَ

الْبَغْضَآءَ (2)	وَ	الْعَدَاوَةَ	بَيْنَهُمُ	فَاَغْرَيْنَا	بِهٖ
بغض	اور	عداوت، دشمنی	ان کے درمیان	تو ہم نے ڈال دی	اس کے ساتھ

کی گئی تھی تو ہم نے ان کے درمیان قیامت کے دن تک کے لئے دشمنی اور بغض

اِلٰى يَوْمِ الْقِيٰمَةِ ؕ وَسَوْفَ يُنَبِّئُهُمُ اللّٰهُ بِمَا كَانُوْا يَصْنَعُوْنَ ﴿١٤﴾

كَانُوْا يَصْنَعُوْنَ ﴿١٤﴾	بِمَا	اللّٰهُ	سَوْفَ يُنَبِّئُهُمُ	وَ	اِلٰى يَوْمِ الْقِيٰمَةِ
وہ کرتے تھے	(اس) کی جو کچھ	اللہ	عنقریب خبر دے گا انہیں	اور	قیامت کے دن تک

ڈال دیا اور عنقریب اللہ انہیں بتادے گا جو کچھ وہ کرتے تھے ○

يٰۤاَهْلَ الْكِتٰبِ قَدْ جَآءَكُمْ رَسُوْلُنَا يُبَيِّنُ لَكُمْ

لَكُمْ	يُبَيِّنُ	رَسُوْلُنَا	جَآءَكُمْ	قَدْ	يٰۤاَهْلَ الْكِتٰبِ
تمہارے لئے (تم پر)	وہ ظاہر کرتا ہے	ہمارا رسول	آیا تمہارے پاس	بیشک	اے اہلِ کتاب

اے اہلِ کتاب! بیشک تمہارے پاس ہمارے رسول تشریف لائے، وہ تم پر بہت سی

عنوان: عیسائیوں کی بد عملی کے سبب ان میں باہمی بغض و عداوت ڈال دی گئی — حضورِ اقدس صَلَّی اللّٰہُ تَعَالٰی عَلَیْہِ وَاٰلِہٖ وَسَلَّم کی عظمت و شان

1 ...... معافی دینا اور درگزر کرنا وہ عظیم عمل ہے جس سے بندہ اللہ تعالیٰ کا پیارا بن سکتا ہے۔

2 ...... جب عیسائیوں نے اللہ تعالیٰ کی کتاب انجیل پر عمل کرنا ترک کر دیا، رسولوں کی نافرمانی کی، فرائض ادا نہ کئے اور حدودِ الٰہی کی پرواہ نہ کی تو اللہ تعالیٰ نے ان کے درمیان بغض و عداوت ڈال دی، جس کا نتیجہ یہ ہوا کہ یہ فرقوں میں بٹ گئے اور ایک دوسرے کو تباہ کرنے لگے۔ ماضی قریب کی تاریخ سے واقف کار بخوبی جانتے ہیں کہ دو عالمی عظیم جنگیں اور ان کی تباہیاں انہی لوگوں کی وجہ سے ہوئیں۔

كَثِيْرًا مِّمَّا كُنْتُمْ تُخْفُوْنَ مِنَ الْكِتٰبِ وَ يَعْفُوْا

كَثِيْرًا	مِّمَّا	كُنْتُمْ تُخْفُوْنَ	مِنَ الْكِتٰبِ	وَ	يَعْفُوْا
بہت سی	(ان چیزوں) سے جو	تم چھپاتے تھے	کتاب سے	اور	درگزر کردیتا ہے

وہ چیزیں ظاہر فرماتے ہیں جو تم نے (اللہ کی) کتاب سے چھپاڈالی تھیں اور بہت سی

عَنْ كَثِيْرٍ ۬ؕ قَدْ جَآءَكُمْ مِّنَ اللّٰهِ نُوْرٌ وَّ كِتٰبٌ مُّبِيْنٌ ۙ﴿۱۵﴾

عَنْ كَثِيْرٍ	قَدْ	جَآءَكُمْ	مِّنَ اللّٰهِ	نُوْرٌ (1)	وَّ	كِتٰبٌ مُّبِيْنٌ ﴿۱۵﴾
بہت(سی چیزوں) سے	بیشک	آیا تمہارے پاس	اللہ کی طرف سے	نور	اور	روشن کتاب

معاف فرمادیتے ہیں، بیشک تمہارے پاس اللہ کی طرف سے ایک نور آگیا اور ایک روشن کتاب ○

يَّهْدِيْ بِهِ اللّٰهُ مَنِ اتَّبَعَ رِضْوَانَهٗ

يَّهْدِيْ	بِهِ (2)	اللّٰهُ	مَنِ	اتَّبَعَ	رِضْوَانَهٗ
ہدایت دیتا ہے	اس کے ذریعے	اللہ	(اسے) جو	تابع ہوجائے	اس کی مرضی (کا)

اللہ اس کے ذریعے اسے سلامتی کے راستوں کی ہدایت دیتا ہے جو اللہ کی مرضی کا

سُبُلَ السَّلٰمِ وَ يُخْرِجُهُمْ مِّنَ الظُّلُمٰتِ اِلَى النُّوْرِ

سُبُلَ السَّلٰمِ	وَ	يُخْرِجُهُمْ	مِّنَ الظُّلُمٰتِ	اِلَى النُّوْرِ
سلامتی کے راستوں (کی)	اور	نکالتا ہے انہیں	تاریکیوں سے	روشنی کی طرف

تابع ہوجائے اور انہیں اپنے حکم سے تاریکیوں سے روشنی کی طرف

بِاِذْنِهٖ وَ يَهْدِيْهِمْ اِلٰى صِرَاطٍ مُّسْتَقِيْمٍ ﴿۱۶﴾ لَقَدْ

بِاِذْنِهٖ	وَ	يَهْدِيْهِمْ	اِلٰى صِرَاطٍ مُّسْتَقِيْمٍ ﴿۱۶﴾	لَقَدْ
اپنے حکم سے	اور	ہدایت دیتا ہے انہیں	سیدھے راستے کی طرف	ضرور بیشک

لے جاتا ہے اور انہیں سیدھی راہ کی طرف ہدایت دیتا ہے ○ بیشک

عنوان حضور صَلَّى اللّٰهُ تَعَالٰى عَلَيْهِ وَاٰلِهٖ وَسَلَّم نور ہیں — اللہ تعالیٰ کی مرضی کے تابع لوگ قرآن سے ہدایت پاتے ہیں — حضرت عیسیٰ عَلَيْهِ الصَّلٰوةُ وَالسَّلَام کو "اللہ" کہنے والے عیسائیوں کا رد

1..... اس آیت میں لفظ "نور" سے مراد سرکارِ دوعالم صَلَّى اللّٰهُ تَعَالٰى عَلَيْهِ وَاٰلِهٖ وَسَلَّم کی ذات مبارک ہے۔ مزید تفصیل تفسیر صراط الجنان، ج2، ص400 پر ملاحظہ فرمائیں۔

2..... بعض مفسرین کے نزدیک یہاں "بہ" کی ضمیر سے قرآنِ مجید مراد ہے اور بعض کے نزدیک اس سے سرکارِ دوعالم صَلَّى اللّٰهُ تَعَالٰى عَلَيْهِ وَاٰلِهٖ وَسَلَّم ہی مراد ہیں۔ دوسری صورت میں آیت کا معنی یہ بنے گا کہ اللہ تعالیٰ حضور پُر نور صَلَّى اللّٰهُ تَعَالٰى عَلَيْهِ وَاٰلِهٖ وَسَلَّم کے ذریعے ہدایت عطا فرماتا ہے۔

كَفَرَ الَّذِيْنَ قَالُوْٓا اِنَّ اللّٰهَ هُوَ الْمَسِيْحُ ابْنُ مَرْيَمَ ؕ قُلْ

كَفَرَ	الَّذِيْنَ	قَالُوْٓا	اِنَّ	اللّٰهَ (1)	هُوَ	الْمَسِيْحُ ابْنُ مَرْيَمَ	قُلْ
کافر ہوگئے	وہ لوگ جو جنہوں نے	کہا	بیشک	اللہ	وہ	مریم کا بیٹا مسیح (ہے)	تم کہو

وہ لوگ کافر ہوگئے جنہوں نے کہا کہ اللہ ہی مسیح بن مریم ہے۔ تم فرمادو:

فَمَنْ يَّمْلِكُ مِنَ اللّٰهِ شَيْـًٔا اِنْ اَرَادَ اَنْ يُّهْلِكَ

فَمَنْ	يَّمْلِكُ	مِنَ اللّٰهِ	شَيْـًٔا	اِنْ	اَرَادَ	اَنْ	يُّهْلِكَ
تو کون	طاقت رکھتا ہے	اللہ سے (بچانے کی)	کچھ	اگر	وہ ارادہ کرے	کہ	ہلاک کردے

اگر اللہ مسیح بن مریم کو اور اس کی ماں اور تمام زمین والوں کو

الْمَسِيْحَ ابْنَ مَرْيَمَ وَاُمَّهٗ وَمَنْ فِي الْاَرْضِ جَمِيْعًا ؕ وَ

الْمَسِيْحَ ابْنَ مَرْيَمَ	وَ	اُمَّهٗ	وَ	مَنْ	فِي الْاَرْضِ	جَمِيْعًا	وَ
مریم کے بیٹے مسیح	اور	اس کی ماں	اور	جو	زمین میں (ہیں)	سب (کو)	اور

ہلاک کرنے کا ارادہ فرمالے تو کون ہے جو اللہ سے بچانے کی طاقت رکھتا ہے؟ اور

لِلّٰهِ مُلْكُ السَّمٰوٰتِ وَالْاَرْضِ وَمَا بَيْنَهُمَا ؕ

لِلّٰهِ	مُلْكُ السَّمٰوٰتِ وَالْاَرْضِ	وَ	مَا	بَيْنَهُمَا
اللہ کے لئے	آسمانوں اور زمین کی بادشاہت	اور	جو کچھ	ان کے درمیان (ہے)

آسمانوں اور زمین کی اور جو کچھ ان کے درمیان ہے سب کی بادشاہت اللہ ہی کے لئے ہے۔

يَخْلُقُ مَا يَشَآءُ ؕ وَاللّٰهُ عَلٰى كُلِّ شَيْءٍ قَدِيْرٌ ﴿۱۷﴾ وَقَالَتِ

يَخْلُقُ	مَا	يَشَآءُ	وَ	اللّٰهُ	عَلٰى كُلِّ شَيْءٍ	قَدِيْرٌ ﴿۱۷﴾	وَ	قَالَتِ
وہ پیدا کرتا ہے	جو	چاہتا ہے	اور	اللہ	ہر چیز پر	قدرت والا (ہے)	اور	کہا

وہ جو چاہتا ہے پیدا کرتا ہے اور اللہ ہر شے پر قادر ہے ○ اور

عنوان یہودیوں اور عیسائیوں کا محبوبِ الٰہی ہونے کا دعویٰ اور اس کا رد

(1)...... عیسائیوں کے ایک فرقے کا یہ عقیدہ ہے کہ (معاذاللہ) حضرت عیسیٰ عَلَیْہِ الصَّلٰوۃُ وَالسَّلَام "اللہ" ہیں۔ اس آیت میں ان کے عقیدے کی کئی طرح سے تردید کی گئی ہے، جیسے (1) حضرت عیسیٰ عَلَیْہِ الصَّلٰوۃُ وَالسَّلَام کو موت آسکتی ہے، اور جسے موت آسکتی ہے وہ خدا نہیں ہوسکتا۔ (2) آپ عَلَیْہِ الصَّلٰوۃُ وَالسَّلَام ماں کے شکم سے پیدا ہوئے، اور جو پیدا ہو کر عدم سے وجود میں آئے وہ اللہ نہیں ہوسکتا۔ (3) اللہ تعالیٰ تمام آسمانی اور زمینی چیزوں کا مالک ہے اور ہر چیز اللہ عَزَّوَجَلَّ کی عبدیت میں ہے، اور حضرت عیسیٰ عَلَیْہِ الصَّلٰوۃُ وَالسَّلَام بھی اللہ تعالیٰ کے بندہ ہونے کا اقرار کرتے ہیں جبکہ اگر وہ خدا ہوتے تو خدا کے بندہ ہونے کا اقرار نہ کرتے۔ ==

اَلْیَهُوْدُ وَ النَّصٰرٰی نَحْنُ اَبْنٰٓؤُا اللّٰهِ وَ اَحِبَّآؤُهٗؕ قُلْ

اَلْیَهُوْدُ	وَ	النَّصٰرٰی	نَحْنُ	اَبْنٰٓؤُا اللّٰهِ [1]	وَ	اَحِبَّآؤُهٗ [2]	قُلْ
یہودیوں	اور	عیسائیوں (نے)	ہم ہیں	اللہ کے بیٹے	اور	اس کے پیارے	تم کہو

یہودیوں اور عیسائیوں نے کہا: ہم اللہ کے بیٹے اور اس کے پیارے ہیں۔ اے حبیب! تم فرمادو:

فَلِمَ یُعَذِّبُكُمْ بِذُنُوْبِكُمْؕ بَلْ اَنْتُمْ بَشَرٌ مِّمَّنْ

فَلِمَ	یُعَذِّبُكُمْ	بِذُنُوْبِكُمْ	بَلْ	اَنْتُمْ	بَشَرٌ	مِّمَّنْ
پھر کیوں	وہ عذاب دیتا ہے تمہیں	تمہارے گناہوں پر	بلکہ	تم	آدمی (ہو)	(اس مخلوق) سے جو

(اگر ایسا ہے تو) پھر وہ تمہیں تمہارے گناہوں پر عذاب کیوں دیتا ہے؟ بلکہ تم (بھی) اس کی مخلوق میں سے

خَلَقَؕ یَغْفِرُ لِمَنْ یَّشَآءُ وَ یُعَذِّبُ مَنْ

خَلَقَ	یَغْفِرُ	لِمَنْ	یَّشَآءُ	وَ	یُعَذِّبُ	مَنْ
اس نے پیدا کی	وہ مغفرت فرمادیتا ہے	جس کی	چاہتا ہے	اور	سزا دیتا ہے	جسے

(عام) آدمی ہو۔ وہ جسے چاہتا ہے بخش دیتا ہے اور جسے چاہتا ہے

یَّشَآءُؕ وَ لِلّٰهِ مُلْكُ السَّمٰوٰتِ وَ الْاَرْضِ وَ مَا

یَّشَآءُ	وَ	لِلّٰهِ	مُلْكُ السَّمٰوٰتِ وَ الْاَرْضِ	وَ	مَا
چاہتا ہے	اور	اللہ کے لئے	آسمانوں اور زمین کی سلطنت	اور	جو کچھ

سزا دیتا ہے اور آسمانوں اور زمین اور جو کچھ اس کے درمیان ہے سب کی سلطنت اللہ ہی

بَیْنَهُمَا٘ وَ اِلَیْهِ الْمَصِیْرُ ﴿۱۸﴾ یٰۤاَهْلَ الْكِتٰبِ قَدْ

بَیْنَهُمَا	وَ	اِلَیْهِ	الْمَصِیْرُ ﴿۱۸﴾	یٰۤاَهْلَ الْكِتٰبِ	قَدْ
ان کے درمیان (ہے)	اور	اس کی طرف	پھرنا (ہے)	اے اہلِ کتاب	بیشک

کے لئے ہے اور اسی کی طرف پھرنا ہے ○ اے کتاب والو! بیشک

عنوان حضورِ اکرم صَلَّی اللّٰهُ تَعَالٰی عَلَیْهِ وَاٰلِهٖ وَسَلَّم کی تشریف آوری کا ذکر اور اس کا ایک مقصد

=(4) اللہ تعالیٰ خالقِ حقیقی وخالقِ کائنات ہے، اگر حضرت عیسیٰ عَلَیْهِ الصَّلٰوةُ وَالسَّلَام میں الوہیت ہوتی تو آپ عَلَیْهِ الصَّلٰوةُ وَالسَّلَام بھی یونہی حقیقی خالق ہوتے۔

1 ...... یہاں بیٹے سے مراد اولاد نہیں کیونکہ وہ لوگ اپنے آپ کو اس معنی میں خدا کا بیٹا نہ کہتے تھے بلکہ اس سے ان کا مطلب یہ تھا کہ ہم خدا عَزَّوَجَلَّ کو ایسے پیارے ہیں جیسے بیٹا باپ کو کیونکہ بیٹا کتنا ہی برا ہو مگر باپ کو پیارا ہوتا ہے، ایسے ہی ہم ہیں۔ 2 ...... معلوم ہوا کہ خود کو اعمال سے بے نیاز جاننا یہودیوں اور عیسائیوں کا عقیدہ ہے۔ آج کل بعض جاہل عقیدت مندوں یا نسبت والوں کا یہی عقیدہ ہے، ایسا عقیدہ کفر ہے کیونکہ قرآن کریم نے ہر جگہ ایمان کے ساتھ اعمال صالحہ کا ذکر فرمایا۔

جَآءَكُمْ رَسُوْلُنَا يُبَيِّنُ لَكُمْ عَلٰى فَتْرَةٍ مِّنَ الرُّسُلِ

جَآءَكُمْ	رَسُوْلُنَا	يُبَيِّنُ	لَكُمْ	عَلٰى فَتْرَةٍ مِّنَ الرُّسُلِ (1)
آیا تمہارے پاس	ہمارا رسول	ظاہر فرمارہا ہے	تمہارے لئے (تم پر)	رسولوں کی آمد بند ہو جانے پر (آیا)

تمہارے پاس ہمارے رسول تشریف لائے، وہ رسولوں کی تشریف آوری بند ہو جانے کے عرصہ بعد

اَنْ تَقُوْلُوْا مَا جَآءَنَا مِنْۢ بَشِيْرٍ وَّ لَا

اَنْ	تَقُوْلُوْا	مَا جَآءَنَا	مِنْۢ بَشِيْرٍ	وَّ	لَا
تاکہ	تم (نہ) کہو	(کہ) نہیں آیا ہمارے پاس	کوئی خوشخبری دینے والا	اور	نہ

تم پر ہمارے احکام ظاہر فرمارہے ہیں تاکہ تم یہ نہ کہو کہ ہمارے پاس تو کوئی خوشخبری دینے والا اور

نَذِيْرٍ ۫ فَقَدْ جَآءَكُمْ بَشِيْرٌ وَّ نَذِيْرٌ ؕ وَ اللّٰهُ

نَذِيْرٍ	فَقَدْ	جَآءَكُمْ	بَشِيْرٌ	وَّ	نَذِيْرٌ	وَ	اللّٰهُ
ڈرسنانے والا	تو بیشک	آگیا تمہارے پاس	خوشخبری دینے والا	اور	ڈرسنانے والا	اور	اللہ

ڈرسنانے والا آیا ہی نہیں تو بیشک تمہارے پاس خوشخبری دینے والا اور ڈرسنانے والا تشریف لاچکا اور اللہ

عَلٰى كُلِّ شَيْءٍ قَدِيْرٌ ۝١٩ ع وَ اِذْ قَالَ مُوْسٰى لِقَوْمِهٖ يٰقَوْمِ

عَلٰى كُلِّ شَيْءٍ	قَدِيْرٌ ۝١٩	وَ	اِذْ	قَالَ	مُوْسٰى	لِقَوْمِهٖ	يٰقَوْمِ
ہر چیز پر	قدرت والا (ہے)	اور	جب	کہا	موسیٰ (نے)	اپنی قوم سے	اے میری قوم

ہر شے پر قادر ہے ○ اور یاد کرو جب موسیٰ نے اپنی قوم سے فرمایا: اے میری قوم!

اذْكُرُوْا نِعْمَةَ اللّٰهِ عَلَيْكُمْ اِذْ جَعَلَ فِيْكُمْ اَنْۢبِيَآءَ وَ

اذْكُرُوْا	نِعْمَةَ اللّٰهِ	عَلَيْكُمْ	اِذْ	جَعَلَ	فِيْكُمْ	اَنْۢبِيَآءَ (2)	وَ
یاد کرو	اللہ کی نعمت، احسان	اپنے اوپر	جب	اس نے بنائے	تم میں	انبیاء	اور

اللہ کا احسان اپنے اوپر یاد کرو جب اس نے تم میں سے انبیاء پیدا فرمائے اور

عنوان: بنی اسرائیل پر اللہ تعالیٰ کی تین خصوصی نعمتیں

(1)...... حضرت عیسیٰ عَلَیْہِ الصَّلٰوۃُ وَالسَّلَام اور حضور صَلَّی اللہُ تَعَالٰی عَلَیْہِ وَاٰلِہٖ وَسَلَّم کے درمیانی زمانے کا نام "زمانہ فترت" ہے، یعنی ایسا زمانہ جس میں کوئی نبی نہ ہو۔ اس زمانہ کے لوگوں کو صرف عقیدۂ توحید کافی تھا جیسے حضور صَلَّی اللہُ تَعَالٰی عَلَیْہِ وَاٰلِہٖ وَسَلَّم کے والدین کریمین۔ (2)...... اس سے معلوم ہوا کہ پیغمبروں کی تشریف آوری نعمت ہے جیسا کہ حضرت موسیٰ عَلَیْہِ الصَّلٰوۃُ وَالسَّلَام نے اپنی قوم کو اس کا ذکر کرنے کا حکم دیا۔ اس سے نبیِ رحمت صَلَّی اللہُ تَعَالٰی عَلَیْہِ وَاٰلِہٖ وَسَلَّم کے میلاد مبارک منانے اور اس کا ذکر کرنے کی واضح طور پر دلیل ملتی ہے کہ جب انبیاءِ بنی اسرائیل عَلَیْہِمُ الصَّلٰوۃُ وَالسَّلَام کی تشریف آوری کو نعمت سمجھ کر یاد کرنے کا حکم دیا گیا==

جَعَلَكُمْ مُّلُوْكًا ۖ وَّاٰتٰىكُمْ مَّا لَمْ يُؤْتِ اَحَدًا مِّنَ الْعٰلَمِيْنَ ﴿٢٠﴾

جَعَلَكُمْ	مُّلُوْكًا (1)	وَّ	اٰتٰىكُمْ	مَّا	لَمْ يُؤْتِ	اَحَدًا	مِّنَ الْعٰلَمِيْنَ ﴿٢٠﴾
بنایا تمہیں	بادشاہ	اور	عطا کیا تمہیں	وہ جو	نہیں دیا	کسی ایک (کو)	تمام جہانوں سے

تمہیں بادشاہ بنایا اور تمہیں وہ کچھ عطا فرمایا جو سارے جہان میں کسی کو نہ دیا ○

يٰقَوْمِ ادْخُلُوا الْاَرْضَ الْمُقَدَّسَةَ الَّتِيْ كَتَبَ اللّٰهُ

يٰقَوْمِ	ادْخُلُوا	الْاَرْضَ الْمُقَدَّسَةَ (2)	الَّتِيْ	كَتَبَ	اللّٰهُ
اے میری قوم	داخل ہو جاؤ	(اس) پاک سرزمین (میں)	جو	لکھ دی ہے	اللّٰہ (نے)

(موسیٰ نے فرمایا:) اے میری قوم! اس پاک سرزمین میں داخل ہو جاؤ جو اللّٰہ نے

لَكُمْ وَلَا تَرْتَدُّوْا عَلٰٓى اَدْبَارِكُمْ فَتَنْقَلِبُوْا خٰسِرِيْنَ ﴿٢١﴾

لَكُمْ	وَ	لَا تَرْتَدُّوْا	عَلٰٓى اَدْبَارِكُمْ	فَتَنْقَلِبُوْا	خٰسِرِيْنَ ﴿٢١﴾
تمہارے لئے	اور	پھر نہ جاؤ	اپنی پیٹھوں پر	تو تم پلٹو گے	خسارہ اٹھانے والے (ہو کر)

تمہارے لئے لکھ دی ہے اور اپنے پیٹھ پیچھے نہ پھرو کہ تم نقصان اٹھاتے ہوئے پلٹو گے ○

قَالُوْا يٰمُوْسٰٓى اِنَّ فِيْهَا قَوْمًا جَبَّارِيْنَ ۖ وَاِنَّا

قَالُوْا	يٰمُوْسٰٓى	اِنَّ	فِيْهَا	قَوْمًا جَبَّارِيْنَ	وَ	اِنَّا
انہوں نے کہا	اے موسیٰ	بیشک	اس (سرزمین) میں	بڑی زبردست قوم (ہے)	اور	بیشک

(قوم نے) کہا: اے موسیٰ! اس (سرزمین) میں تو بڑے زبردست لوگ ہیں اور ہم

لَنْ نَّدْخُلَهَا حَتّٰى يَخْرُجُوْا مِنْهَا ۚ فَاِنْ يَّخْرُجُوْا

لَنْ نَّدْخُلَهَا	حَتّٰى	يَخْرُجُوْا	مِنْهَا	فَاِنْ	يَّخْرُجُوْا
ہم ہرگز داخل نہ ہوں گے اس میں	یہاں تک کہ	وہ نکل جائیں	اس سے	تو اگر	وہ نکل جائیں

اس میں ہرگز داخل نہ ہوں گے جب تک وہ وہاں سے نکل نہ جائیں، تو اگر وہ وہاں سے

عنوان: حضرت موسیٰ عَلَیْہِ الصَّلٰوۃُ وَالسَّلَام کا بنی اسرائیل کو مقدس سرزمین میں داخل ہونے کا حکم | شہر میں داخلے کا حکم ملنے پر بنی اسرائیل کی بزدلی

== تو حضور اقدس صَلَّی اللّٰہُ تَعَالٰی عَلَیْہِ وَاٰلِہٖ وَسَلَّم کی تشریف آوری تو اس سے بڑھ کر نعمت ہے۔

(1)...... اس سے معلوم ہوا کہ حکومت و سلطنت اور اقتدار بھی اللّٰہ تعالیٰ کی نعمت ہے اور اس کا بھی شکر ادا کرنا چاہئے اور اس کے شکر کا بہترین طریقہ یہ ہے کہ حکومت و سلطنت اللّٰہ تعالیٰ کے حکم کے مطابق چلائی جائے، غریبوں کی مدد کی جائے، لوگوں کے حقوق ادا کئے جائیں، ظلم کا خاتمہ کیا جائے اور ملک کے باشندوں کو امن و سکون کی زندگی گزارنے کے مواقع فراہم کئے جائیں۔ (2)...... اِس زمین کو مقدس اِس لئے کہا گیا کہ وہ انبیاء کرام عَلَیْہِمُ الصَّلٰوۃُ وَالسَّلَام کی رہائش گاہ تھی۔ ==

مِنۡهَا فَاِنَّا دٰخِلُوۡنَ ﴿۲۲﴾ قَالَ رَجُلٰنِ مِنَ الَّذِيۡنَ

مِنۡهَا	فَاِنَّا	دٰخِلُوۡنَ ﴿۲۲﴾	قَالَ	رَجُلٰنِ (1)	مِنَ الَّذِيۡنَ
اس سے	تو بیشک ہم	داخل ہونے والے (ہیں)	کہا	دو مردوں (نے)	ان لوگوں سے جو

نکل جائیں تو ہم (شہر میں) داخل ہوں گے ○ اللہ سے ڈرنے والوں میں سے وہ دو مرد

يَخَافُوۡنَ اَنۡعَمَ اللّٰهُ عَلَيۡهِمَا ادۡخُلُوۡا عَلَيۡهِمُ الۡبَابَ ۚ

يَخَافُوۡنَ	اَنۡعَمَ	اللّٰهُ	عَلَيۡهِمَا	ادۡخُلُوۡا	عَلَيۡهِمُ	الۡبَابَ
ڈرتے تھے	احسان فرمایا	اللہ (نے)	ان دونوں پر	(کہا) تم داخل ہو جاؤ	ان پر	دروازہ (سے)

جن پر اللہ نے احسان کیا تھا انہوں نے کہا: (شہر کے) دروازے سے ان پر داخل ہو جاؤ

فَاِذَا دَخَلۡتُمُوۡهُ فَاِنَّكُمۡ غٰلِبُوۡنَ ۚ۬ وَعَلَى اللّٰهِ

فَاِذَا	دَخَلۡتُمُوۡهُ	فَاِنَّكُمۡ	غٰلِبُوۡنَ	وَ	عَلَى اللّٰهِ
تو جب	تم داخل ہو جاؤ گئے اس میں	تو بیشک تم	غالب آنے والے (ہو)	اور	اللہ پر

تو جب تم دروازے میں داخل ہو جاؤ گے تو تم ہی غالب ہو گے اور اگر تم ایمان والے ہو

فَتَوَكَّلُوۡۤا اِنۡ كُنۡتُمۡ مُّؤۡمِنِيۡنَ ﴿۲۳﴾ قَالُوۡا يٰمُوۡسٰۤى اِنَّا

فَتَوَكَّلُوۡۤا	اِنۡ	كُنۡتُمۡ	مُّؤۡمِنِيۡنَ ﴿۲۳﴾	قَالُوۡا	يٰمُوۡسٰۤى	اِنَّا
تو بھروسہ کرو	اگر	تم ہو	ایمان والے	انہوں نے کہا	اے موسیٰ	بیشک

تو اللہ ہی پر بھروسہ کرو ○ (پھر قوم نے) کہا: اے موسیٰ! بیشک ہم تو

لَنۡ نَّدۡخُلَهَاۤ اَبَدًا مَّا دَامُوۡا فِيۡهَا فَاذۡهَبۡ اَنۡتَ وَ

لَنۡ نَّدۡخُلَهَاۤ (2)	اَبَدًا	مَّا دَامُوۡا	فِيۡهَا	فَاذۡهَبۡ	اَنۡتَ	وَ
ہم ہرگز داخل نہ ہوں گے اس میں	کبھی	جب تک وہ ہیں	اس میں	تو جاؤ	آپ	اور

وہاں ہرگز کبھی نہیں جائیں گے جب تک وہ وہاں ہیں تو آپ اور

عنوان خوفِ خدا رکھنے والے دو حضرات کا بنی اسرائیل کو جہاد کی ترغیب دینا | بنی اسرائیل کا جہاد میں جانے سے صاف انکار

= اس سے معلوم ہوا کہ انبیاء کرام عَلَيۡهِمُ الصَّلٰوةُ وَالسَّلَام کی سکونت سے زمینوں کو بھی شرف حاصل ہوتا ہے اور وہ دوسروں کے لئے باعثِ برکت ہو جاتی ہیں۔

(1)...... یہ دو مرد حضرات کالب بن یوقنا اور یوشع بن نون رَضِیَ اللّٰہُ تَعَالٰی عَنۡہُمَا تھے۔

(2)...... بنی اسرائیل نے حضرت موسیٰ عَلَيۡهِ الصَّلٰوةُ وَالسَّلَام کے ساتھ جہاد میں جانے سے صاف انکار کر دیا جبکہ صحابہ کرام رَضِیَ اللّٰہُ تَعَالٰی عَنۡہُم نے سخت مواقع پر بھی حضور اقدس صَلَّی اللّٰہُ تَعَالٰی عَلَيۡهِ وَاٰلِهٖ وَسَلَّم کا ساتھ نہیں چھوڑا اور ایسا روکھا جواب نہ دیا بلکہ اپنا سب کچھ حضور اکرم صَلَّی اللّٰہُ تَعَالٰی عَلَيۡهِ وَاٰلِهٖ وَسَلَّم پر قربان کر دیا۔

رَبُّكَ فَقَاتِلَاۤ اِنَّا هٰهُنَا قٰعِدُوْنَ ﴿٢٤﴾ قَالَ

رَبُّكَ	فَقَاتِلَاۤ	اِنَّا	هٰهُنَا	قٰعِدُوْنَ ﴿٢٤﴾	قَالَ
آپ کا رب	تو دونوں لڑو	بیشک ہم	یہاں	بیٹھے ہوئے (ہیں)	(موسیٰ نے) عرض کیا

آپ کا رب دونوں جاؤ اور لڑو، ہم تو یہیں بیٹھے ہوئے ہیں ○ موسیٰ نے عرض کی:

رَبِّ اِنِّیْ لَاۤ اَمْلِكُ اِلَّا نَفْسِیْ وَ اَخِیْ فَافْرُقْ

رَبِّ	اِنِّیْ	لَاۤ اَمْلِكُ	اِلَّا	نَفْسِیْ وَ اَخِیْ	فَافْرُقْ [1]
اے میرے رب	بیشک میں	اختیار نہیں رکھتا	مگر	اپنی جان اور اپنے بھائی (کا)	پس تو جدائی ڈال دے

اے میرے رب! مجھے صرف اپنی جان اور اپنے بھائی کا اختیار ہے تو تو ہمارے

بَیْنَنَا وَ بَیْنَ الْقَوْمِ الْفٰسِقِیْنَ ﴿٢٥﴾ قَالَ فَاِنَّهَا مُحَرَّمَةٌ

بَیْنَنَا	وَ	بَیْنَ الْقَوْمِ الْفٰسِقِیْنَ ﴿٢٥﴾	قَالَ	فَاِنَّهَا	مُحَرَّمَةٌ
ہمارے درمیان	اور	نافرمانی کرنے والی قوم کے درمیان	فرمایا	تو بیشک وہ	حرام کردی گئی

اور نافرمان قوم کے درمیان جدائی ڈال دے ○ (اللہ نے) فرمایا: پس چالیس سال تک

عَلَیْهِمْ اَرْبَعِیْنَ سَنَةً ۚ یَتِیْهُوْنَ فِی الْاَرْضِ ؕ فَلَا تَاْسَ عَلَى

عَلَیْهِمْ	اَرْبَعِیْنَ سَنَةً	یَتِیْهُوْنَ	فِی الْاَرْضِ	فَلَا تَاْسَ	عَلَى
ان پر	چالیس سال	وہ حیران پھریں گے	زمین میں	پس تم افسوس نہ کرو	پر

وہ زمین ان پر حرام ہے یہ زمین میں بھٹکتے پھریں گے تو (اے موسیٰ!) تم (اس) نافرمان قوم پر

الْقَوْمِ الْفٰسِقِیْنَ ﴿٢٦﴾ وَ اتْلُ عَلَیْهِمْ نَبَاَ ابْنَیْ اٰدَمَ بِالْحَقِّ ۘ اِذْ ع ٧/٤

الْقَوْمِ الْفٰسِقِیْنَ ﴿٢٦﴾	وَ	اتْلُ	عَلَیْهِمْ	نَبَاَ ابْنَیْ اٰدَمَ [2]	بِالْحَقِّ	اِذْ
نافرمانی کرنے والی قوم	اور	پڑھو	ان پر	آدم کے دو بیٹوں کی خبر	حق کے ساتھ (سچی)	جب

افسردہ نہ ہو ○ اور (اے حبیب!) انہیں آدم کے دو بیٹوں کی سچی خبر پڑھ کر سناؤ جب

عنوان حضرت موسیٰ عَلَیْهِ الصَّلٰوۃُ وَالسَّلَام کی بروں سے علیحدگی کی دعا | بنی اسرائیل کو بزدلی اور نافرمانی کی سزا

حضرت آدم عَلَیْهِ الصَّلٰوۃُ وَالسَّلَام کے دو بیٹوں ہابیل اور قابیل کا واقعہ

1 ...... بروں سے علیحدگی اچھی چیز ہے جس کی حضرت موسیٰ عَلَیْهِ الصَّلٰوۃُ وَالسَّلَام نے دعا مانگی۔

2 ...... حضرت آدم عَلَیْهِ الصَّلٰوۃُ وَالسَّلَام کے اِن دو بیٹوں کا نام ہابیل اور قابیل تھا۔ اس واقعہ کو سنانے سے مقصد یہ ہے کہ حسد کی برائی معلوم ہو اور سرکارِ دو عالم صَلَّی اللّٰہُ تَعَالٰی عَلَیْهِ وَاٰلِهٖ وَسَلَّم سے حسد کرنے والوں کو اس سے سبق حاصل کرنے کا موقع ملے۔

قَرَّبَا قُرْبَانًا فَتُقُبِّلَ مِنْ اَحَدِهِمَا وَ

قَرَّبَا	قُرْبَانًا (1)	فَتُقُبِّلَ	مِنْ اَحَدِهِمَا	وَ
انہوں نے پیش کی	(ایک ایک) قربانی	تو قبول کرلی گئی	ان دونوں میں ایک کی طرف سے	اور

دونوں نے ایک ایک قربانی پیش کی تو ان میں سے ایک کی طرف سے قبول کرلی گئی اور

لَمْ يُتَقَبَّلْ مِنَ الْاٰخَرِ ؕ قَالَ لَاَقْتُلَنَّكَ ؕ قَالَ اِنَّمَا

لَمْ يُتَقَبَّلْ	مِنَ الْاٰخَرِ	قَالَ	لَاَقْتُلَنَّكَ	قَالَ	اِنَّمَا
قبول نہ کی گئی	دوسرے کی طرف سے	اس نے کہا	میں ضرور قتل کردوں گا تجھے	کہا	صرف

دوسرے کی طرف سے قبول نہ کی گئی، تو (وہ دوسرا) بولا: میں ضرور تجھے قتل کردوں گا۔ (پہلے نے) کہا:

يَتَقَبَّلُ اللّٰهُ مِنَ الْمُتَّقِيْنَ ﴿۲۷﴾ لَىِٕنْۢ بَسَطْتَّ اِلَیَّ

يَتَقَبَّلُ	اللّٰهُ	مِنَ الْمُتَّقِيْنَ ﴿۲۷﴾	لَىِٕنْ	بَسَطْتَّ	اِلَیَّ
قبول کرتا ہے	اللہ	ڈرنے والوں سے	ضرور اگر	تو پھیلائے گا، بڑھائے گا	میری طرف

اللہ صرف ڈرنے والوں سے قبول فرماتا ہے ○ بیشک اگر تو مجھے قتل کرنے کے لئے

يَدَكَ لِتَقْتُلَنِیْ مَاۤ اَنَا بِبَاسِطٍ يَّدِیَ اِلَيْكَ

يَدَكَ	لِتَقْتُلَنِیْ	مَاۤ اَنَا بِبَاسِطٍ	يَّدِیَ	اِلَيْكَ
اپنا ہاتھ	تاکہ تو قتل کردے مجھے	میں نہیں پھیلانے والا، بڑھانے والا	اپنا ہاتھ	تیری طرف

میری طرف اپنا ہاتھ بڑھائے گا تو میں تجھے قتل کرنے کے لئے اپنا ہاتھ تیری طرف

لِاَقْتُلَكَ ۚ اِنِّیْۤ اَخَافُ اللّٰهَ رَبَّ الْعٰلَمِيْنَ ﴿۲۸﴾ اِنِّیْۤ

لِاَقْتُلَكَ	اِنِّیْۤ	اَخَافُ	اللّٰهَ	رَبَّ الْعٰلَمِيْنَ ﴿۲۸﴾	اِنِّیْۤ
تاکہ قتل کردوں تجھے	بیشک میں	ڈرتا ہوں	اللہ (سے)	(جو) تمام جہانوں کا مالک (ہے)	بیشک میں

نہیں بڑھاؤں گا۔ میں اللہ سے ڈرتا ہوں جو سارے جہانوں کا مالک ہے ○ میں تو

عنوان: قتل کی دھمکی سن کر ہابیل کا جواب

(1)...... ہابیل اور قابیل کے اس واقعے کی تفصیل جاننے کے لئے تفسیر صراط الجنان، ج2، ص416 کا مطالعہ فرمائیں۔

اُرِيْدُ اَنْ تَبُوْٓاَ بِاِثْمِيْ وَ اِثْمِكَ فَتَكُوْنَ

اُرِيْدُ	اَنْ	تَبُوْٓاَ	بِاِثْمِيْ وَ اِثْمِكَ	فَتَكُوْنَ
چاہتاہوں	کہ	تم لوٹو	میرے گناہ اور اپنے گناہ کے ساتھ	توتو ہوجائے

یہ چاہتاہوں کہ میرااور تیرا گناہ دونوں تیرے اوپر ہی پڑجائیں توتو

مِنْ اَصْحٰبِ النَّارِ ۚ وَ ذٰلِكَ جَزٰٓؤُا الظّٰلِمِيْنَ ﴿٢٩﴾ فَطَوَّعَتْ لَهٗ

مِنْ اَصْحٰبِ النَّارِ	وَ	ذٰلِكَ	جَزٰٓؤُا الظّٰلِمِيْنَ ﴿٢٩﴾	فَطَوَّعَتْ	لَهٗ
آگ والوں سے	اور	یہ	ظلم کرنے والوں کی سزا	پھر راضی کردیا	اس کو

دوزخی ہوجائے اور ظلم کرنے والوں کی یہی سزا ہے ○ تواس کے نفس نے

نَفْسُهٗ قَتْلَ اَخِيْهِ فَقَتَلَهٗ فَاَصْبَحَ

نَفْسُهٗ	قَتْلَ اَخِيْهِ	فَقَتَلَهٗ	فَاَصْبَحَ
اس کے نفس (نے)	اپنے بھائی کے قتل پر	تواس نے قتل کردیا اسے	پھر وہ ہوگیا

اسے اپنے بھائی کے قتل پر راضی کرلیا تواس نے اسے قتل کردیا پھر وہ نقصان اٹھانے والوں

مِنَ الْخٰسِرِيْنَ ﴿٣٠﴾ فَبَعَثَ اللّٰهُ غُرَابًا يَّبْحَثُ فِي الْاَرْضِ

مِنَ الْخٰسِرِيْنَ ﴿٣٠﴾ (1)	فَبَعَثَ	اللّٰهُ	غُرَابًا	يَّبْحَثُ	فِي الْاَرْضِ
نقصان اٹھانے والوں سے	پھر بھیجا	اللّٰه (نے)	ایک کوا	وہ کرید رہا تھا	زمین میں

میں سے ہوگیا ○ پھر اللّٰه نے ایک کوا بھیجا جو زمین کرید رہا تھا

لِيُرِيَهٗ كَيْفَ يُوَارِيْ سَوْءَةَ اَخِيْهِ ؕ قَالَ يٰوَيْلَتٰٓى

لِيُرِيَهٗ	كَيْفَ	يُوَارِيْ	سَوْءَةَ اَخِيْهِ	قَالَ	يٰوَيْلَتٰٓى
تاکہ وہ دکھادے اسے	کیسے	وہ چھپائے	اپنے بھائی کی لاش	اس (قاتل) نے کہا	ہائے افسوس

تاکہ وہ اسے دکھادے کہ وہ اپنے بھائی کی لاش کیسے چھپائے۔ (کوے کا واقعہ دیکھ کر قاتل نے) کہا: ہائے افسوس،

عنوان نفس کے بہکاوے میں آکر قابیل کا ہابیل کو قتل کر دینا | قابیل کا ایک کوے سے مردہ دفن کرنا سیکھنا

(1)...... یہ واقعہ بہت سی عبرتوں اور نصیحتوں پر مشتمل ہے، یہ کہ زمین پر حسد اور قتل ابتدائی جرائم میں سے ہیں۔ حسد بڑی بری چیز ہے، حسد ہی نے شیطان کو برباد کیا اور حسد ہی نے دنیا میں قابیل کو تباہ کیا۔

اَعَجَزْتُ اَنْ اَكُوْنَ مِثْلَ هٰذَا الْغُرَابِ فَاُوَارِيَ سَوْءَةَ اَخِيْ ۚ

اَعَجَزْتُ	اَنْ	اَكُوْنَ	مِثْلَ هٰذَا الْغُرَابِ	فَاُوَارِيَ	سَوْءَةَ اَخِيْ
کیا میں عاجز رہا	(اس سے بھی) کہ	ہوتا	اس کوے کی مثل	تو چھپالیتا	اپنے بھائی کی لاش

میں اس کوے جیسا بھی نہ ہو سکا کہ اپنے بھائی کی لاش چھپالیتا

فَاَصْبَحَ مِنَ النّٰدِمِيْنَ ﴿٣١﴾ ۚۛ مِنْ اَجْلِ ذٰلِكَ ۛۚ كَتَبْنَا عَلٰى بَنِيْٓ اِسْرَآءِيْلَ

فَاَصْبَحَ	مِنَ النّٰدِمِيْنَ ﴿٣١﴾	مِنْ اَجْلِ ذٰلِكَ	كَتَبْنَا	عَلٰى بَنِيْٓ اِسْرَآءِيْلَ (1)
پس وہ ہو گیا	پچھتانے والوں سے	اس (قتل) کی وجہ سے	ہم نے لکھ دیا	بنی اسرائیل پر

تو وہ پچھتانے والوں میں سے ہو گیا ○ اس کے سبب ہم نے بنی اسرائیل پر لکھ دیا

اَنَّهٗ مَنْ قَتَلَ نَفْسًا بِغَيْرِ نَفْسٍ اَوْ

اَنَّهٗ	مَنْ	قَتَلَ	نَفْسًا	بِغَيْرِ نَفْسٍ	اَوْ
(کہ) بیشک	جو	قتل کرے	کسی جان (کو)	کسی جان کے بدلے کے بغیر	یا

کہ جس نے کسی جان کے بدلے یا زمین میں فساد

فَسَادٍ فِي الْاَرْضِ فَكَاَنَّمَا قَتَلَ النَّاسَ جَمِيْعًا ؕ وَ

فَسَادٍ فِي الْاَرْضِ	فَكَاَنَّمَا	قَتَلَ	النَّاسَ جَمِيْعًا	وَ
زمین میں فساد (کی سزا کے بغیر)	تو گویا کہ	اس نے قتل کر دیا	تمام انسانوں (کو)	اور

پھیلانے کے بدلے کے بغیر کسی شخص کو قتل کیا تو گویا اس نے تمام انسانوں کو قتل کر دیا اور

مَنْ اَحْيَاهَا فَكَاَنَّمَآ اَحْيَا النَّاسَ جَمِيْعًا ؕ وَلَقَدْ

مَنْ	اَحْيَاهَا	فَكَاَنَّمَآ	اَحْيَا	النَّاسَ جَمِيْعًا	وَ	لَقَدْ
جو (جس نے)	زندہ رکھا اسے	تو گویا کہ	اس نے زندہ رکھا	تمام انسانوں (کو)	اور	ضرور بیشک

جس نے کسی ایک جان کو (قتل سے بچا کر) زندہ رکھا اس نے گویا تمام انسانوں کو زندہ رکھا اور بیشک

عنوان دینِ اسلام کی نظر میں انسانی جان کی اہمیت

(1)...... اس آیت میں بنی اسرائیل سے جو فرمایا گیا وہ فرمان ہمارے لئے بھی ہے اور یہ آیتِ مبارکہ اسلام کی اصل تعلیمات کو واضح کرتی ہے کہ اسلام میں انسانی جان کی حرمت کس قدر زیادہ ہے۔ جو لوگ قتل و غارت گری کرتے ہیں وہ سخت مجرم ہیں اور خصوصاً اسلام کے نام پر قتل کرنے والے بدترین مجرم ہیں۔

جَآءَتْهُمْ رُسُلُنَا بِالْبَیِّنٰتِ ثُمَّ اِنَّ كَثِیْرًا

جَآءَتْهُمْ	رُسُلُنَا	بِالْبَیِّنٰتِ	ثُمَّ	اِنَّ	كَثِیْرًا
آئے ان کے پاس	ہمارے رسول	روشن دلیلوں کے ساتھ	پھر	بیشک	بہت سے

ان کے پاس ہمارے رسول روشن دلیلوں کے ساتھ آئے پھر بیشک ان میں سے

مِّنْهُمْ بَعْدَ ذٰلِكَ فِی الْاَرْضِ لَمُسْرِفُوْنَ ﴿۳۲﴾ اِنَّمَا جَزٰٓؤُا

مِّنْهُمْ	بَعْدَ ذٰلِكَ	فِی الْاَرْضِ	لَمُسْرِفُوْنَ ﴿۳۲﴾	اِنَّمَا	جَزٰٓؤُا (1)
ان (امتیوں) میں سے	اس کے بعد	زمین میں	ضرور زیادتی کرنے والے	بیشک	سزا

بہت سے لوگ اس کے بعد (بھی) زمین میں زیادتی کرنے والے ہیں ○ بیشک جو لوگ

الَّذِیْنَ یُحَارِبُوْنَ اللّٰهَ وَ رَسُوْلَهٗ وَ یَسْعَوْنَ

الَّذِیْنَ	یُحَارِبُوْنَ	اللّٰهَ وَ رَسُوْلَهٗ	وَ	یَسْعَوْنَ
ان لوگوں کی جو	لڑتے ہیں	اللہ اور اس کے رسول (سے)	اور	کوشش کرتے ہیں

اللہ اور اس کے رسول سے لڑتے ہیں اور زمین میں فساد برپا کرنے کی

فِی الْاَرْضِ فَسَادًا اَنْ یُّقَتَّلُوْۤا اَوْ یُصَلَّبُوْۤا اَوْ

فِی الْاَرْضِ	فَسَادًا	اَنْ	یُّقَتَّلُوْۤا	اَوْ	یُصَلَّبُوْۤا	اَوْ
زمین میں	فساد (کی)	کہ	انہیں خوب قتل کیا جائے	یا	سولی دے دی جائے	یا

کوشش کرتے ہیں ان کی سزا یہی ہے کہ انہیں خوب قتل کیا جائے یا انہیں سولی دے دی جائے یا

تُقَطَّعَ اَیْدِیْهِمْ وَ اَرْجُلُهُمْ مِّنْ خِلَافٍ اَوْ یُنْفَوْا

تُقَطَّعَ	اَیْدِیْهِمْ	وَ	اَرْجُلُهُمْ	مِّنْ خِلَافٍ	اَوْ	یُنْفَوْا
کاٹ دیئے جائیں	ان کے ہاتھ	اور	ان کے پاؤں	مختلف طرف سے	یا	دور کر دیئے جائیں

ان کے ایک طرف کے ہاتھ اور دوسری طرف کے پاؤں کاٹ دیئے جائیں یا (ملک کی سر) زمین سے

عنوان: ڈاکو کی شرعی سزا

(1)...... اس آیتِ کریمہ میں راہزن یعنی ڈاکو کی سزا کا بیان ہے۔ اس سے متعلق تفصیلی معلومات حاصل کرنے کے لئے تفسیر صراط الجنان، ج2، ص422 کا مطالعہ فرمائیں۔

مِنَ الْاَرْضِ ؕ ذٰلِكَ لَهُمْ خِزْيٌ فِي الدُّنْيَا وَ لَهُمْ

لَهُمْ	وَ	فِي الدُّنْيَا	خِزْيٌ	لَهُمْ	ذٰلِكَ	مِنَ الْاَرْضِ
ان کے لئے	اور	دنیا میں	رسوائی	ان کے لئے	یہ	(ملک کی سر)زمین سے

(جلاوطن کرکے)دور کردیئے جائیں۔یہ ان کے لئے دنیا میں رسوائی ہے اور آخرت میں

فِي الْاٰخِرَةِ عَذَابٌ عَظِيْمٌ ۳۳ ۙ اِلَّا الَّذِيْنَ تَابُوْا

تَابُوْا	الَّذِيْنَ	اِلَّا	عَذَابٌ عَظِيْمٌ ۳۳	فِي الْاٰخِرَةِ
توبہ کرلی	وہ لوگ جنہوں نے	مگر	بڑا عذاب (ہے)	آخرت میں

ان کے لیے بڑا عذاب ہے ○ مگر وہ کہ جنہوں نے توبہ کرلی

مِنْ قَبْلِ اَنْ تَقْدِرُوْا عَلَيْهِمْ ۚ فَاعْلَمُوْا اَنَّ اللّٰهَ غَفُوْرٌ رَّحِيْمٌ ۳۴ ع

رَّحِيْمٌ ۳۴	غَفُوْرٌ	اللّٰهَ	اَنَّ	فَاعْلَمُوْا	عَلَيْهِمْ	تَقْدِرُوْا	اَنْ	مِنْ قَبْلِ
مہربان	بخشنے والا	اللہ	بیشک	تو جان لو	ان پر	تم قابو پاؤ	کہ	(اس) سے پہلے

اس سے پہلے کہ تم ان پر قابو پاؤ تو جان لو کہ اللہ بخشنے والا مہربان ہے ○

يٰۤاَيُّهَا الَّذِيْنَ اٰمَنُوا اتَّقُوا اللّٰهَ وَ ابْتَغُوْۤا اِلَيْهِ

اِلَيْهِ	ابْتَغُوْۤا	وَ	اللّٰهَ	اتَّقُوا	اٰمَنُوا	الَّذِيْنَ	يٰۤاَيُّهَا
اس کی طرف	تلاش کرو	اور	اللہ (سے)	ڈرو	ایمان لائے	وہ لوگو جو	اے

اے ایمان والو! اللہ سے ڈرو اور اس کی طرف وسیلہ ڈھونڈو

الْوَسِيْلَةَ وَ جَاهِدُوْا فِيْ سَبِيْلِهٖ لَعَلَّكُمْ تُفْلِحُوْنَ ۳۵ اِنَّ

اِنَّ	تُفْلِحُوْنَ ۳۵	لَعَلَّكُمْ	فِيْ سَبِيْلِهٖ	جَاهِدُوْا	وَ	الْوَسِيْلَةَ (1)
بیشک	کامیابی پاؤ	تاکہ تم	اس کی راہ میں	جہاد کرو	اور	وسیلہ

اور اس کی راہ میں جہاد کرو اس امید پر کہ تم فلاح پاؤ ○ بیشک

عنوان ڈاکہ زنی کی سزا سے بچنے کی ایک صورت — خوفِ خدا، وسیلہ کی تلاش اور راہِ خدا میں جہاد کا حکم

بروزِ قیامت کافروں کے پاس عذاب سے چھٹکارے کی کوئی صورت نہ ہوگی

(1)...... آیت میں وسیلہ کا معنی یہ ہے کہ "جس کے ذریعے اللہ تعالیٰ کا قرب حاصل ہو۔" یعنی اللہ تعالیٰ کی عبادات چاہے فرض ہوں یا نفل، ان کی ادائیگی کے ذریعے اللہ تعالیٰ کا قرب حاصل کرو۔ جیسے نیک اعمال وسیلہ بنتے ہیں ایسے ہی نیک اعمال والے بھی وسیلہ بنتے ہیں جیسا کہ احادیث میں نبی کریم صَلَّی اللّٰہُ تَعَالٰی عَلَیْہِ وَاٰلِہٖ وَسَلَّم، نیز حضرت عباس رَضِیَ اللّٰہُ تَعَالٰی عَنْہُ کو وسیلہ بنانے کا ذکر موجود ہے۔

الَّذِيْنَ كَفَرُوْا لَوْ اَنَّ لَهُمْ مَّا فِي الْاَرْضِ

الَّذِيْنَ	كَفَرُوْا	لَوْ	اَنَّ	لَهُمْ	مَّا	فِي الْاَرْضِ
وہ لوگ جنہوں نے	کفر کیا	اگر	تحقیق	ان کی (ملک ہو)	جو کچھ	زمین میں

اگر کافر لوگ جو کچھ زمین میں ہے

جَمِيْعًا وَّمِثْلَهٗ مَعَهٗ لِيَفْتَدُوْا بِهٖ

جَمِيْعًا	وَّ	مِثْلَهٗ	مَعَهٗ	لِيَفْتَدُوْا (1)	بِهٖ
سب	اور	اس کے برابر	اس کے ساتھ	تاکہ وہ چھٹکارے کے لئے دیں	اس کو

وہ سب اور اس کے برابر اتنا ہی اور اس کے ساتھ (ملاکر) قیامت کے دن کے عذاب

مِنْ عَذَابِ يَوْمِ الْقِيٰمَةِ مَا تُقُبِّلَ مِنْهُمْ ج وَلَهُمْ

مِنْ عَذَابِ يَوْمِ الْقِيٰمَةِ	مَا تُقُبِّلَ	مِنْهُمْ	وَ	لَهُمْ
قیامت کے دن کے عذاب سے	(تو) نہیں قبول کیا جائے گا	ان سے	اور	ان کے لئے

سے چھٹکارے کے لئے دیں تو ان سے قبول نہیں کیا جائے گا اور ان کے لئے

عَذَابٌ اَلِيْمٌ ﴿۳۶﴾ يُرِيْدُوْنَ اَنْ يَّخْرُجُوْا مِنَ النَّارِ وَمَا هُمْ

عَذَابٌ اَلِيْمٌ ﴿۳۶﴾	يُرِيْدُوْنَ	اَنْ	يَّخْرُجُوْا	مِنَ النَّارِ	وَ	مَا	هُمْ
دردناک عذاب (ہے)	وہ چاہیں گے	کہ	نکل جائیں	آگ سے	اور	نہیں	وہ

دردناک عذاب ہے ○ وہ دوزخ سے نکلنا چاہیں گے اور وہ

بِخٰرِجِيْنَ مِنْهَا ز وَلَهُمْ عَذَابٌ مُّقِيْمٌ ﴿۳۷﴾ وَالسَّارِقُ وَ

بِخٰرِجِيْنَ	مِنْهَا	وَ	لَهُمْ	عَذَابٌ مُّقِيْمٌ ﴿۳۷﴾	وَ	السَّارِقُ	وَ
نکلنے والے	اس سے	اور	ان کے لئے	دائمی عذاب (ہے)	اور	چوری کرنے والا مرد	اور

اس سے نکل نہ سکیں گے اور ان کے لئے ہمیشہ کا عذاب ہے ○ اور جو مرد یا

عنوان چوری کرنے والے مرد و عورت کی شرعی سزا

(1)...... یعنی اگر کافر دنیا کا مالک ہو اور اس کے ساتھ اس کے برابر اتنی ہی اور دنیا کا مالک ہو جائے اور یہ سب کچھ اپنی جان کو قیامت کے دن کے عذاب سے چھڑانے کے لئے فدیہ کر دے تو اس کا یہ فدیہ قبول نہیں کیا جائے گا اور قیامت کے دن کافروں کو عذاب ضرور ہو گا، اس دن ان کے پاس عذاب سے چھٹکارے کی کوئی صورت نہ ہو گی۔ اس سے معلوم ہوا کہ ایمان ہو گا تو ہی قیامت کے دن اعمال کا اجر ملے گا، تبھی شفاعت کا فائدہ ہو گا، تبھی رحمتِ الٰہی متوجہ ہو گی اور تبھی جہنم سے چھٹکارا ملے گا، اس لئے ایمان کی حفاظت کی فکر کرنا نہایت ضروری ہے۔

السَّارِقَةُ فَاقْطَعُوْۤا اَیْدِیَهُمَا جَزَآءًۢ بِمَا

السَّارِقَةُ	فَاقْطَعُوْۤا (1)	اَیْدِیَهُمَا	جَزَآءًۢ	بِمَا
چوری کرنے والی عورت	پس کاٹ دو	ان دونوں کے ہاتھ	(بطورِ) سزا	(اس کے) سبب جو

عورت چور ہو تو اللہ کی طرف سے سزا کے طور پر

كَسَبَا نَكَالًا مِّنَ اللّٰهِؕ وَاللّٰهُ عَزِیْزٌ حَكِیْمٌ ﴿۳۸﴾

كَسَبَا	نَكَالًا مِّنَ اللّٰهِ	وَ	اللّٰهُ	عَزِیْزٌ	حَكِیْمٌ ﴿۳۸﴾
ان دونوں نے کمایا (عمل کیا)	اللہ کی طرف سے سزا	اور	اللہ	عزت والا، زبردست	حکمت والا

ان کے عمل کے بدلے میں ان کے ہاتھ کاٹ دو اور اللہ غالب حکمت والا ہے ○

فَمَنْ تَابَ مِنْۢ بَعْدِ ظُلْمِهٖ وَ اَصْلَحَ فَاِنَّ

فَمَنْ	تَابَ (2)	مِنْۢ بَعْدِ ظُلْمِهٖ	وَ	اَصْلَحَ	فَاِنَّ
تو جو	توبہ کرلے	اپنے ظلم کے بعد	اور	اپنی اصلاح کرلے	تو بیشک

تو جو اپنے ظلم کے بعد توبہ کرلے اور اپنی اصلاح کرلے تو

اللّٰهَ یَتُوْبُ عَلَیْهِؕ اِنَّ اللّٰهَ غَفُوْرٌ رَّحِیْمٌ ﴿۳۹﴾ اَلَمْ تَعْلَمْ اَنَّ

اللّٰهَ	یَتُوْبُ عَلَیْهِ	اِنَّ	اللّٰهَ	غَفُوْرٌ	رَّحِیْمٌ ﴿۳۹﴾	اَلَمْ تَعْلَمْ	اَنَّ
اللہ	توبہ قبول فرمائے گا اس کی	بیشک	اللہ	بخشنے والا	مہربان	کیا تجھے معلوم نہیں	بیشک

اللہ اپنی مہربانی سے اس پر رجوع فرمائے گا۔ بیشک اللہ بخشنے والا مہربان ہے ○ کیا تجھے معلوم نہیں کہ

اللّٰهَ لَهٗ مُلْكُ السَّمٰوٰتِ وَالْاَرْضِؕ یُعَذِّبُ مَنْ یَّشَآءُ

اللّٰهَ	لَهٗ	مُلْكُ السَّمٰوٰتِ وَالْاَرْضِ	یُعَذِّبُ	مَنْ	یَّشَآءُ
اللہ	اس کے لئے (ہے)	آسمانوں اور زمین کی بادشاہی	وہ سزا دیتا ہے	جسے	چاہتا ہے

آسمانوں اور زمین کی بادشاہی اللہ ہی کے لئے ہے۔ وہ جسے چاہتا ہے سزا دیتا ہے

عنوان: سچی توبہ کرنے والے ظالم کی توبہ مقبول ہوگی — مغفرت و عذاب اللہ تعالیٰ کی مشیت پر موقوف ہے

1 ...... اس آیت میں چور کی سزا بیان کی گئی ہے کہ شرعی اعتبار سے جب چوری ثابت ہوجائے تو چور کا ہاتھ کاٹ دیا جائے گا۔ تنبیہ: حدود و تعزیر کے مسائل میں عوام الناس کو قانون ہاتھ میں لینے کی شرعاً اجازت نہیں۔ چوری کے مسائل کی تفصیلی معلومات کے لئے بہارِ شریعت، حصہ 9 کا مطالعہ کیجئے۔

2 ...... توبہ نہایت نفیس شے ہے۔ کتنا ہی بڑا گناہ ہو اگر اس سے توبہ کرلی جائے تو اللہ تعالیٰ اپنا حق معاف فرمادیتا ہے اور توبہ کرنے والے کو عذابِ آخرت سے نجات دے دیتا ہے لیکن یہ یاد رہے کہ حقوق اللہ اور حقوق العباد میں توبہ کی مختلف شرائط ہیں، انہیں بھی پورا کرنا ضروری ہے۔

وَيَغْفِرُ لِمَنْ يَّشَآءُ ؕ وَاللّٰهُ عَلٰى كُلِّ شَیْءٍ قَدِيْرٌ ﴿٤٠﴾

وَ	يَغْفِرُ (1)	لِمَنْ	يَّشَآءُ	وَ	اللّٰهُ	عَلٰى كُلِّ شَیْءٍ	قَدِيْرٌ ﴿٤٠﴾
اور	مغفرت فرمادیتا ہے	جس کی	وہ چاہتا ہے	اور	اللہ	ہر چیز پر	قدرت والا (ہے)

اور جسے چاہتا ہے بخش دیتا ہے اور اللہ ہر شے پر قادر ہے ○

يٰۤاَيُّهَا الرَّسُوْلُ لَا يَحْزُنْكَ الَّذِيْنَ يُسَارِعُوْنَ فِی الْكُفْرِ

يٰۤاَيُّهَا	الرَّسُوْلُ	لَا يَحْزُنْكَ (2)	الَّذِيْنَ	يُسَارِعُوْنَ	فِی الْكُفْرِ
اے	رسول	غمگین نہ کریں تمہیں	وہ لوگ جو	دوڑے جارہے ہیں	کفر میں

اے رسول! جو کفر میں دوڑے جاتے ہیں تمہیں غمگین نہ کریں

مِنَ الَّذِيْنَ قَالُوْۤا اٰمَنَّا بِاَفْوَاهِهِمْ وَلَمْ تُؤْمِنْ

مِنَ الَّذِيْنَ	قَالُوْۤا اٰمَنَّا بِاَفْوَاهِهِمْ	وَ	لَمْ تُؤْمِنْ
ان لوگوں میں سے جنہوں نے	اپنے منہ سے کہا ہم ایمان لاچکے	اور (حالانکہ)	ایمان نہیں لائے

(یہ وہ ہیں) جو اپنے منہ سے کہتے ہیں کہ ہم ایمان لائے حالانکہ ان کے دل

قُلُوْبُهُمْ ۛۚ وَمِنَ الَّذِيْنَ هَادُوْا ۛۚ سَمّٰعُوْنَ لِلْكَذِبِ سَمّٰعُوْنَ

قُلُوْبُهُمْ	وَ	مِنَ الَّذِيْنَ	هَادُوْا	سَمّٰعُوْنَ	لِلْكَذِبِ	سَمّٰعُوْنَ
ان کے دل	اور	کچھ وہ لوگ ہیں جو	یہودی ہوئے	بہت سننے والے	جھوٹ کو	بہت سننے والے

مسلمان نہیں اور کچھ یہودی بہت جھوٹ سنتے ہیں، اُن دوسرے لوگوں کی (بھی)

لِقَوْمٍ اٰخَرِيْنَ ۙ لَمْ يَاْتُوْكَ ؕ يُحَرِّفُوْنَ الْكَلِمَ

لِقَوْمٍ اٰخَرِيْنَ	لَمْ يَاْتُوْكَ	يُحَرِّفُوْنَ	الْكَلِمَ
دوسری قوم کی (بھی)	(جو) نہیں آئے تمہارے پاس	وہ بدل دیتے ہیں	(اللہ کے) کلمات (کو)

خوب سنتے ہیں جو آپ کی بارگاہ میں نہیں آئے۔ یہ اللہ کے کلام کو اس کے مقامات کے بعد

عنوان حضور اقدس صَلَّی اللّٰہُ تَعَالٰی عَلَیْہِ وَاٰلِہٖ وَسَلَّم کو تسلی اور منافقوں کی منافقت کا بیان — شرعی احکام سے متعلق یہودیوں کا حال

1 ...... اس سے معلوم ہوا کہ عذاب کرنا اور رحمت فرمانا اللہ تعالیٰ کی مشیت پر موقوف ہے، وہ مالک ہے جو چاہے کرے کسی کو اعتراض کرنے کی مجال نہیں۔

2 ...... اس میں ہر مبلغ کے لئے بھی نصیحت ہے کہ وہ لوگوں کے اثر نہ لینے سے غمگین نہ ہو بلکہ تبلیغ کرتا رہے کیونکہ یہ خود بڑا باعثِ ثواب کام ہے۔

مِنۢ بَعْدِ مَوَاضِعِهٖ ۚ یَقُوْلُوْنَ اِنْ اُوْتِیْتُمْ هٰذَا فَخُذُوْهُ

مِنۢ بَعْدِ مَوَاضِعِهٖ	یَقُوْلُوْنَ	اِنْ	اُوْتِیْتُمْ (1)	هٰذَا	فَخُذُوْهُ
ان کی (اصل) جگہوں کے بعد	وہ کہتے ہیں	اگر	تمہیں دیا جائے	یہ (تحریف والا حکم)	تو لے لو اسے

بدل دیتے ہیں۔ یہ (آپس میں) کہتے ہیں: اگر تمہیں یہ (تحریف والا) حکم ملے تو اسے لے لینا

وَ اِنْ لَّمْ تُؤْتَوْهُ فَاحْذَرُوْا ؕ وَ مَنْ یُّرِدِ اللّٰهُ

وَ	اِنْ	لَّمْ تُؤْتَوْهُ	فَاحْذَرُوْا	وَ	مَنْ	یُّرِدِ	اللّٰهُ
اور	اگر	تمہیں نہ دیا جائے اسے	تو (لینے سے) بچو	اور	جسے	چاہے	اللہ

اور اگر تمہیں یہ نہ ملے تو بچنا اور جسے اللہ

فِتْنَتَهٗ فَلَنْ تَمْلِكَ لَهٗ مِنَ اللّٰهِ شَیْــٴًـا ؕ اُولٰٓىٕكَ

فِتْنَتَهٗ	فَلَنْ تَمْلِكَ (2)	لَهٗ	مِنَ اللّٰهِ	شَیْــٴًـا	اُولٰٓىٕكَ
اسے گمراہ کرنا	تو تو ہرگز اختیار نہیں رکھتا	اس کو	اللہ سے (بچانے کا)	کچھ	یہ

گمراہ کرنا چاہے تو (اے مخاطب!) تو ہرگز اسے اللہ سے بچانے کا کچھ اختیار نہیں رکھتا۔ یہی

الَّذِیْنَ لَمْ یُرِدِ اللّٰهُ اَنْ یُّطَهِّرَ قُلُوْبَهُمْ ؕ لَهُمْ

الَّذِیْنَ	لَمْ یُرِدِ	اللّٰهُ	اَنْ	یُّطَهِّرَ	قُلُوْبَهُمْ	لَهُمْ
وہ لوگ ہیں جو	نہیں چاہتا	اللہ	کہ	پاک کرے	ان کے دلوں (کو)	ان کے لئے

وہ لوگ ہیں جن کے دلوں کو پاک کرنے کا اللہ نے ارادہ نہیں فرمایا۔ ان کے لئے

فِی الدُّنْیَا خِزْیٌ ۚۖ وَّ لَهُمْ فِی الْاٰخِرَةِ عَذَابٌ عَظِیْمٌ ﴿۴۱﴾ سَمّٰعُوْنَ

فِی الدُّنْیَا	خِزْیٌ	وَّ	لَهُمْ	فِی الْاٰخِرَةِ	عَذَابٌ عَظِیْمٌ ﴿۴۱﴾	سَمّٰعُوْنَ
دنیا میں	رسوائی	اور	ان کے لئے	آخرت میں	بڑا عذاب (ہے)	بہت سننے والے

دنیا میں رسوائی ہے اور ان کے لئے آخرت میں بڑا عذاب ہے ○ بہت جھوٹ

عنوان: ازلی گمراہوں کو ہدایت نہیں مل سکتی — یہودی حکمرانوں اور پادریوں کا کردار

1 ...... یہودیوں کے اس طرز عمل کو سامنے رکھتے ہوئے ہر مسلمان کو چاہئے کہ وہ شریعت کو اپنی رائے کے مطابق کرنے کی کوشش نہ کرے بلکہ خود کو شریعت کے پیچھے چلائے، یونہی یہ نہ کیا جائے کہ علماء سے مرضی کے مطابق فتویٰ مل جائے تو عمل کرے ورنہ چھوڑ دے۔

2 ...... ہدایت دینے کا مالک و مختار اللہ تعالیٰ ہے، جسے وہ ہدایت نہ دینا چاہے اسے کسی جگہ سے ہدایت نہیں مل سکتی۔

لِلْكَذِبِ اَكّٰلُوْنَ لِلسُّحْتِؕ فَاِنْ جَآءُوْكَ فَاحْكُمْ

لِلْكَذِبِ	اَكّٰلُوْنَ	لِلسُّحْتِ (1)	فَاِنْ	جَآءُوْكَ	فَاحْكُمْ
جھوٹ کو	بہت کھانے والے	حرام مال کو	تو اگر	وہ آئیں تمہارے پاس	تو فیصلہ کرو

سننے والے، بڑے حرام خور ہیں تو اگر یہ تمہارے حضور حاضر ہوں تو ان میں

بَیْنَهُمْ اَوْ اَعْرِضْ عَنْهُمْۚ وَ اِنْ تُعْرِضْ عَنْهُمْ

بَیْنَهُمْ	اَوْ	اَعْرِضْ	عَنْهُمْ	وَ	اِنْ	تُعْرِضْ	عَنْهُمْ
ان کے درمیان	یا	منہ پھیر لو	ان سے	اور	اگر	تم منہ پھیر لوگے	ان سے

فیصلہ فرماؤ یا ان سے منہ پھیر لو (دونوں کا آپ کو اختیار ہے) اور اگر آپ ان سے منہ پھیر لوگے

فَلَنْ یَّضُرُّوْكَ شَیْــٴًـاؕ وَ اِنْ حَكَمْتَ فَاحْكُمْ

فَلَنْ یَّضُرُّوْكَ شَیْــٴًـا	وَ	اِنْ	حَكَمْتَ	فَاحْكُمْ
تو وہ ہرگز نہ بگاڑ سکیں گے تمہارا کچھ بھی	اور	اگر	تم فیصلہ کرو	تو فیصلہ کرو

تو وہ تمہارا کچھ نہ بگاڑ سکیں گے اور اگر آپ ان میں فیصلہ فرمائیں تو انصاف کے ساتھ

بَیْنَهُمْ بِالْقِسْطِؕ اِنَّ اللّٰهَ یُحِبُّ الْمُقْسِطِیْنَ (۴۲) وَ

بَیْنَهُمْ	بِالْقِسْطِ	اِنَّ	اللّٰهَ	یُحِبُّ	الْمُقْسِطِیْنَ (۴۲)	وَ
ان کے درمیان	انصاف کے ساتھ	بیشک	اللہ	پسند فرماتا ہے	انصاف کرنے والوں (کو)	اور

فیصلہ کر دیں۔ بیشک اللہ انصاف کرنے والوں کو پسند کرتا ہے ○ اور

كَیْفَ یُحَكِّمُوْنَكَ وَ عِنْدَهُمُ التَّوْرٰىةُ فِیْهَا حُكْمُ اللّٰهِ

كَیْفَ	یُحَكِّمُوْنَكَ	وَ	عِنْدَهُمُ	التَّوْرٰىةُ	فِیْهَا	حُكْمُ اللّٰهِ
کیسے	وہ حاکم بنائیں گے تمہیں	اور (حالانکہ)	ان کے پاس	تورات	اس میں	اللہ کا حکم

یہ آپ کو کیسے حاکم بنائیں گے حالانکہ ان کے پاس تورات موجود ہے جس میں اللہ کا حکم موجود ہے۔

عنوان اہلِ کتاب کے مقدمات کا فیصلہ کرنے سے متعلق حضور صَلَّی اللّٰہُ تَعَالٰی عَلَیْہِ وَاٰلِہٖ وَسَلَّم کو اختیار

یہودیوں کا حضور صَلَّی اللّٰہُ تَعَالٰی عَلَیْہِ وَاٰلِہٖ وَسَلَّم سے فیصلہ چاہنا قابلِ تعجب ہے

(1)......یہودی حکمران اور پادری رشوتیں لے کر فیصلے بدل دیتے، حرام کو حلال کرتے اور شریعت کے احکام کو بدل دیتے تھے، اس لئے انہیں بڑے حرام خور فرمایا گیا۔ یاد رہے کہ رشوت کا لینا دینا دونوں حرام ہیں اور لینے دینے والے دونوں جہنمی ہیں، البتہ ظالم کے ظلم کو دور کرنے کیلئے یا کسی پر اپنا موجود حق وصول کرنے کیلئے رشوت دینے کی اجازت ہے اگرچہ لینے والے کے حق میں پھر بھی حرام ہے۔

ثُمَّ يَتَوَلَّوْنَ مِنْۢ بَعْدِ ذٰلِكَ ؕ وَمَآ اُولٰٓئِكَ بِالْمُؤْمِنِيْنَ ﴿٤٣﴾ ع اِنَّآ

ثُمَّ	يَتَوَلَّوْنَ	مِنْۢ بَعْدِ ذٰلِكَ	وَ	مَآ	اُولٰٓئِكَ	بِالْمُؤْمِنِيْنَ ﴿٤٣﴾	اِنَّآ
پھر	وہ منہ پھیرتے ہیں	اس کے بعد سے	اور	نہیں	یہ لوگ	ایمان والے	بیشک

اس کے باوجود یہ منہ پھیرتے ہیں اور یہ ایمان لانے والے نہیں ہیں ○ بیشک

اَنْزَلْنَا التَّوْرٰىةَ فِيْهَا هُدًى وَّنُوْرٌ ۚ يَحْكُمُ بِهَا

اَنْزَلْنَا	التَّوْرٰىةَ	فِيْهَا	هُدًى	وَّ	نُوْرٌ	يَحْكُمُ	بِهَا
ہم نے نازل کی	تورات	اس میں	ہدایت	اور	نور	حکم دیتے تھے	اس کے ساتھ (کے مطابق)

ہم نے تورات نازل فرمائی جس میں ہدایت اور نور ہے، فرمانبردار نبی

النَّبِيُّوْنَ الَّذِيْنَ اَسْلَمُوْا لِلَّذِيْنَ هَادُوْا وَالرَّبّٰنِيُّوْنَ

النَّبِيُّوْنَ (1)	الَّذِيْنَ	اَسْلَمُوْا	لِلَّذِيْنَ	هَادُوْا	وَ	الرَّبّٰنِيُّوْنَ
انبیاء	وہ لوگ جو	فرمانبردار تھے	ان لوگوں کو جو	یہودی ہوئے	اور	(حکم دیتے) ربانی علماء

اور ربانی علماء اور فقہاء یہودیوں کو اسی کے مطابق حکم دیتے

وَالْاَحْبَارُ بِمَا اسْتُحْفِظُوْا مِنْ كِتٰبِ اللّٰهِ وَكَانُوْا

وَ	الْاَحْبَارُ	بِمَا	اسْتُحْفِظُوْا	مِنْ كِتٰبِ اللّٰهِ	وَ	كَانُوْا
اور	فقہاء	(اس کے) سبب جو	انہیں محافظ بنایا گیا تھا	اللہ کی کتاب سے (کا)	اور	وہ تھے

تھے کیونکہ انہیں (اللہ کی اس) کتاب کا محافظ بنایا گیا تھا اور وہ

عَلَيْهِ شُهَدَآءَ ۚ فَلَا تَخْشَوُا النَّاسَ وَاخْشَوْنِ وَلَا تَشْتَرُوْا

عَلَيْهِ	شُهَدَآءَ	فَلَا تَخْشَوُا (2)	النَّاسَ	وَ	اخْشَوْنِ	وَ	لَا تَشْتَرُوْا
اس پر	گواہ	پس خوف نہ کرو	لوگوں (سے)	اور	ڈرو مجھ سے	اور	نہ خریدو

اس کے خود گواہ تھے۔ تو لوگوں سے خوف نہ کرو اور مجھ سے ڈرو اور میری آیتوں کے بدلے

عنوان: تورات کی عظمت وشان اور یہودیوں کو نبی کریم صَلَّی اللّٰہُ تَعَالٰی عَلَیْہِ وَاٰلِہٖ وَسَلَّمَ پر ایمان لانے کی دعوت

1 ...... سابقہ شریعتوں کے وہ احکام جو قرآن وحدیث میں بیان ہوئے ہوں اور انہیں منسوخ نہ کیا گیا ہو تو وہ ہم پر بھی لاگو ہوتے ہیں۔

2 ...... اس آیت میں علماء کیلئے بھی ایک حکم موجود ہے کہ وہ اللہ کی کتاب کی حفاظت کریں اور اس کی آیات کے بدلے دنیا کی ذلیل دولت حاصل نہ کریں اور لوگوں سے ڈرنے کی بجائے اللہ تعالیٰ سے ڈریں۔

بِاٰیٰتِیْ ثَمَنًا قَلِیْلًا ؕ وَ مَنْ لَّمْ یَحْكُمْ بِمَاۤ اَنْزَلَ

اَنْزَلَ	بِمَاۤ	لَّمْ یَحْكُمْ	مَنْ	وَ	ثَمَنًا قَلِیْلًا	بِاٰیٰتِیْ
نازل کیا	(اس کے) ساتھ جو	فیصلہ نہ کرے	جو	اور	تھوڑی قیمت	میری آیتوں کے بدلے

تھوڑی ذلیل قیمت نہ لو اور جو اس کے مطابق فیصلہ نہ کریں جو اللہ نے

اللّٰهُ فَاُولٰٓىٕكَ هُمُ الْكٰفِرُوْنَ ﴿۴۴﴾ وَ كَتَبْنَا عَلَیْهِمْ

عَلَیْهِمْ	كَتَبْنَا	وَ	الْكٰفِرُوْنَ ﴿۴۴﴾	هُمُ	فَاُولٰٓىٕكَ	اللّٰهُ
ان پر	ہم نے لکھ دیا، لازم کر دیا	اور	کفر کرنے والے	وہ	تو یہ لوگ	اللہ (نے)

نازل کیا تو وہی لوگ کافر ہیں ○ اور ہم نے تورات میں ان پر

فِیْهَاۤ اَنَّ النَّفْسَ بِالنَّفْسِ ۙ وَ الْعَیْنَ بِالْعَیْنِ وَ الْاَنْفَ بِالْاَنْفِ

الْاَنْفَ بِالْاَنْفِ	وَ	الْعَیْنَ بِالْعَیْنِ	وَ	النَّفْسَ بِالنَّفْسِ	اَنَّ	فِیْهَاۤ[1]
ناک کے بدلے ناک	اور	آنکھ کے بدلے آنکھ	اور	جان کے بدلے جان	کہ	اس (تورات) میں

لازم کر دیا تھا کہ جان کے بدلے جان اور آنکھ کے بدلے آنکھ اور ناک کے بدلے ناک

وَ الْاُذُنَ بِالْاُذُنِ وَ السِّنَّ بِالسِّنِّ ۙ وَ الْجُرُوْحَ قِصَاصٌ ؕ

قِصَاصٌ	وَ الْجُرُوْحَ	السِّنَّ بِالسِّنِّ	وَ	الْاُذُنَ بِالْاُذُنِ	وَ
قصاص (ہوگا)	اور تمام زخموں (میں)	دانت کے بدلے دانت	اور	کان کے بدلے کان	اور

اور کان کے بدلے کان اور دانت کے بدلے دانت (کا قصاص لیا جائے گا) اور تمام زخموں کا قصاص ہوگا

فَمَنْ تَصَدَّقَ بِهٖ فَهُوَ كَفَّارَةٌ

كَفَّارَةٌ	فَهُوَ	تَصَدَّقَ بِهٖ	فَمَنْ
کفارہ ہوگا	تو وہ	معاف کر دے اس (قصاص) کو (یا، خود کو) پیش کر دے اس (قصاص) پر	پھر جو

پھر جو دل کی خوشی سے (خود کو) قصاص کے لئے پیش کر دے تو یہ اس کا کفارہ

عنوان قصاص کے احکام

1 ...... اس آیت میں اگرچہ یہ بیان ہے کہ تورات میں یہودیوں پر قصاص کے یہ احکام تھے لیکن چونکہ ہمیں اُن کے ترک کرنے کا حکم نہیں دیا گیا اس لئے ہم پر بھی یہ احکام لازم رہیں گے جیسا دو حاشیہ پیچھے بیان کیا گیا ہے۔

لَهٗؕ وَ مَنْ لَّمْ یَحْكُمْ بِمَاۤ اَنْزَلَ اللّٰهُ

لَهٗ	وَ	مَنْ	لَّمْ یَحْكُمْ	بِمَاۤ	اَنْزَلَ	اللّٰهُ
اس کے لئے	اور	جو	فیصلہ نہ کرے	(اس کے) مطابق جو	نازل فرمایا	اللہ (نے)

بن جائے گا اور جو اس کے مطابق فیصلہ نہ کرے جو اللہ نے نازل کیا

فَاُولٰٓىٕكَ هُمُ الظّٰلِمُوْنَ ۝۴۵ وَ قَفَّیْنَا عَلٰۤى اٰثَارِهِمْ

فَاُولٰٓىٕكَ	هُمُ	الظّٰلِمُوْنَ ۝۴۵	وَ	قَفَّیْنَا	عَلٰۤى اٰثَارِهِمْ
تو یہ لوگ	وہ	ظلم کرنے والے	اور	ہم نے پیچھے بھیجا	ان (نبیوں) کے نقشِ قدم پر

تو وہی لوگ ظالم ہیں ○ اور ہم نے ان نبیوں کے پیچھے ان کے نقشِ قدم پر

بِعِیْسَى ابْنِ مَرْیَمَ مُصَدِّقًا لِّمَا بَیْنَ یَدَیْهِ مِنَ التَّوْرٰىةِ۪

بِعِیْسَى ابْنِ مَرْیَمَ	مُصَدِّقًا	لِّمَا	بَیْنَ یَدَیْهِ	مِنَ	التَّوْرٰىةِ
مریم کے بیٹے عیسیٰ کو	تصدیق کرنے والا	(اس) کی جو	اس سے پہلے (تھی)	سے (یعنی)	تورات

عیسیٰ بن مریم کو بھیجا اُس تورات کی تصدیق کرتے ہوئے جو اس سے پہلے موجود تھی

وَ اٰتَیْنٰهُ الْاِنْجِیْلَ فِیْهِ هُدًى وَّ نُوْرٌۙ وَّ مُصَدِّقًا

وَ	اٰتَیْنٰهُ	الْاِنْجِیْلَ	فِیْهِ	هُدًى	وَّ	نُوْرٌ	وَّ	مُصَدِّقًا
اور	ہم نے عطا کی اسے	انجیل	اس میں	ہدایت	اور	نور	اور	(وہ) تصدیق کرنے والی

اور ہم نے اسے انجیل عطا کی جس میں ہدایت اور نور تھا اور وہ (انجیل) اس سے

لِّمَا بَیْنَ یَدَیْهِ مِنَ التَّوْرٰىةِ وَ هُدًى وَّ مَوْعِظَةً

لِّمَا	بَیْنَ یَدَیْهِ	مِنَ	التَّوْرٰىةِ	وَ	هُدًى	وَّ	مَوْعِظَةً
(اس) کی جو	اس سے پہلے (تھی)	سے (یعنی)	تورات	اور	ہدایت	اور	نصیحت

پہلے موجود تورات کی تصدیق فرمانے والی تھی اور پرہیز گاروں کے لئے ہدایت اور

عنوان حضرت عیسیٰ عَلَیْهِ الصَّلٰوةُ وَالسَّلَام کی تشریف آوری اور انجیل کی عظمت وشان کا بیان

لِلْمُتَّقِيْنَ ﴿٤٦﴾ وَلْيَحْكُمْ اَهْلُ الْاِنْجِيْلِ بِمَآ اَنْزَلَ

لِلْمُتَّقِيْنَ ﴿٤٦﴾	وَ	لْيَحْكُمْ (1)	اَهْلُ الْاِنْجِيْلِ	بِمَآ	اَنْزَلَ
پرہیز گاروں کے لئے	اور	چاہئے کہ فیصلہ کریں	انجیل والے	(اس کے) مطابق جو	نازل کیا

نصیحت تھی ○ اور انجیل والوں کو بھی اسی کے مطابق حکم کرنا چاہیے جو اللہ نے

اللّٰهُ فِيْهِ ؕ وَمَنْ لَّمْ يَحْكُمْ بِمَآ اَنْزَلَ اللّٰهُ

اللّٰهُ	فِيْهِ	وَ	مَنْ	لَّمْ يَحْكُمْ	بِمَآ	اَنْزَلَ	اللّٰهُ
اللہ (نے)	اس میں	اور	جو	فیصلہ نہ کرے	(اس کے) مطابق جو	نازل کیا	اللہ (نے)

اس میں نازل فرمایا ہے اور جو اس کے مطابق فیصلہ نہ کرے جو اللہ نے نازل کیا

فَاُولٰٓئِكَ هُمُ الْفٰسِقُوْنَ ﴿٤٧﴾ وَاَنْزَلْنَآ اِلَيْكَ الْكِتٰبَ

فَاُولٰٓئِكَ	هُمُ	الْفٰسِقُوْنَ ﴿٤٧﴾	وَ	اَنْزَلْنَآ	اِلَيْكَ	الْكِتٰبَ
تو یہ لوگ	وہ	نافرمانی کرنے والے	اور	ہم نے نازل کی	تمہاری طرف	کتاب

تو وہی لوگ نافرمان ہیں ○ اور اے حبیب! ہم نے تمہاری طرف سچی کتاب

بِالْحَقِّ مُصَدِّقًا لِّمَا بَيْنَ يَدَيْهِ مِنَ الْكِتٰبِ

بِالْحَقِّ	مُصَدِّقًا	لِّمَا	بَيْنَ يَدَيْهِ	مِنَ	الْكِتٰبِ
حق کے ساتھ	تصدیق کرنے والی	(اس) کی جو	اس سے پہلے (موجود تھیں)	سے (یعنی)	کتابیں

اتاری جو پہلی کتابوں کی تصدیق فرمانے والی

وَمُهَيْمِنًا عَلَيْهِ فَاحْكُمْ بَيْنَهُمْ بِمَآ اَنْزَلَ اللّٰهُ

وَ	مُهَيْمِنًا	عَلَيْهِ	فَاحْكُمْ	بَيْنَهُمْ	بِمَآ	اَنْزَلَ	اللّٰهُ
اور	نگہبان	ان پر	تو فیصلہ کرو	ان کے درمیان	(اس کے) مطابق جو	نازل کیا	اللہ (نے)

اور ان پر نگہبان ہے تو ان (اہلِ کتاب) میں اللہ کے نازل کردہ حکم کے مطابق فیصلہ کرو

عنوان: انجیل عطا ہونے کے بعد اس کے احکام پر عمل کرنے کا حکم | قرآنِ مجید کی عظمت و شان | قرآنِ مجید کے حکم کے مطابق فیصلہ کرنے کا حکم

(1)..... اس آیت کا ایک معنی یہ ہے کہ انجیل والوں کو بھی اسی کے مطابق حکم کرنا چاہئے جو اللہ عَزَّوَجَلَّ نے انجیل میں نازل فرمایا ہے یعنی سیِّدُ الانبیاء صَلَّی اللّٰہُ تَعَالٰی عَلَیْہِ وَاٰلِہٖ وَسَلَّم پر ایمان لانا چاہئے اور آپ صَلَّی اللّٰہُ تَعَالٰی عَلَیْہِ وَاٰلِہٖ وَسَلَّم کی نبوت کی تصدیق کرنی چاہئے کیونکہ انجیل میں اسی کا حکم دیا گیا ہے۔ دوسرا معنی یہ ہے کہ جب ہم نے عیسائیوں کو انجیل عطا کی تو اس وقت ان کو یہ حکم دیا تھا کہ وہ ان احکام پر عمل کریں جو انجیل میں مذکور ہیں۔

وَلَا تَتَّبِعْ اَهْوَآءَهُمْ عَمَّا جَآءَكَ مِنَ الْحَقِّ ؕ

وَ	لَا تَتَّبِعْ	اَهْوَآءَهُمْ	عَمَّا	جَآءَكَ	مِنَ الْحَقِّ
اور	پیروی نہ کرنا	ان کی خواہشات (کی)	(اس) سے (ہٹ کر) جو	آیا تمہارے پاس	حق سے

اور اے سننے والے! اپنے پاس آیا ہوا حق چھوڑ کر ان کی خواہشوں کی پیروی نہ کرنا۔

لِكُلٍّ جَعَلْنَا مِنْكُمْ شِرْعَةً وَّمِنْهَاجًا ؕ وَلَوْ شَآءَ

لِكُلٍّ	جَعَلْنَا	مِنْكُمْ	شِرْعَةً	وَّ	مِنْهَاجًا (1)	وَ	لَوْ	شَآءَ
سب کے لئے	ہم نے بنایا	تم میں سے	(ایک ایک) شریعت	اور	واضح راستہ	اور	اگر	چاہتا

ہم نے تم سب کے لیے ایک ایک شریعت اور راستہ بنایا ہے اور اگر

اللّٰهُ لَجَعَلَكُمْ اُمَّةً وَّاحِدَةً وَّلٰكِنْ لِّيَبْلُوَكُمْ

اللّٰهُ	لَجَعَلَكُمْ	اُمَّةً وَّاحِدَةً	وَّ	لٰكِنْ	لِّيَبْلُوَكُمْ
اللہ	ضرور بنا دیتا تمہیں	ایک امت	اور	لیکن (اس نے ایسا نہ کیا)	تاکہ آزمائے تمہیں

اللہ چاہتا تو تم سب کو ایک ہی امت بنا دیتا مگر (اس نے ایسا نہیں کیا) تاکہ جو (شریعتیں) اس نے تمہیں دی ہیں

فِيْ مَآ اٰتٰىكُمْ فَاسْتَبِقُوا الْخَيْرٰتِ ؕ اِلَى اللّٰهِ

فِيْ مَآ	اٰتٰىكُمْ	فَاسْتَبِقُوا	الْخَيْرٰتِ (2)	اِلَى اللّٰهِ
(ان شریعتوں) میں جو	اس نے دیں تمہیں	تو آگے بڑھ جاؤ	نیکیوں (میں)	اللہ کی طرف

ان میں تمہیں آزمائے تو نیکیوں کی طرف دوسروں سے آگے بڑھ جاؤ، تم سب کو اللہ ہی کی طرف

مَرْجِعُكُمْ جَمِيْعًا فَيُنَبِّئُكُمْ بِمَا كُنْتُمْ فِيْهِ تَخْتَلِفُوْنَ ﴿۴۸﴾ لا

مَرْجِعُكُمْ جَمِيْعًا	فَيُنَبِّئُكُمْ	بِمَا	كُنْتُمْ	فِيْهِ	تَخْتَلِفُوْنَ ﴿۴۸﴾
تم سب کو لوٹنا (ہے)	تو وہ خبر دے گا تمہیں	(اس) کی جو	تم تھے	اس میں	اختلاف کرتے، جھگڑتے

لوٹنا ہے تو وہ تمہیں بتا دے گا وہ بات جس میں تم جھگڑتے تھے ○

عنوان فروعی اعمال ہر ایک کے مختلف ہیں لیکن اصل دین سب کا ایک ہے — تمام لوگوں کو ایک امت نہ بنانے کی حکمت — بھلائی کے کاموں میں مقابلہ کرنے کی دعوت

(1)...... یعنی فروعی اعمال ہر ایک کے خاص اور جدا جدا ہیں جیسے نمازوں، روزوں کی تعداد اور اس طرح کے احکام جدا جدا ہیں لیکن اصل دین سب کا ایک ہے یعنی توحید و رسالت، عقیدہ آخرت، یونہی بنیادی اخلاقیات سب کی مشترک ہیں۔ (2)...... قرآن پاک کا حکیمانہ طریقہ یہ ہے کہ جن معاملات سے انسان کی دنیا و آخرت کا کوئی قابلِ قبول فائدہ متعلق نہیں ہے ان میں بحث و مقابلہ کرنے کی بجائے انہیں رضائے الٰہی اور بھلائی کے کاموں میں مقابلہ کرنے کی دعوت دیتا ہے۔ یہاں بھی اسی انداز کی ایک جھلک ہے کہ شریعتوں کے اختلاف کی وجوہات میں فلسفیانہ بحثیں کرنے اور بال کی کھال اتارنے کی بجائے نیکیوں کی طرف=

وَ اَنِ احْكُمْ بَيْنَهُمْ بِمَاۤ اَنْزَلَ اللّٰهُ وَ

وَ	اَنِ احْكُمْ (1)	بَيْنَهُمْ	بِمَاۤ	اَنْزَلَ	اللّٰهُ	وَ
اور	یہ کہ تم فیصلہ کرو	ان کے درمیان	(اس کے) مطابق جو	نازل کیا	اللہ (نے)	اور

اور (اے مسلمان!) یہ کہ ان (لوگوں) کے درمیان اس کے مطابق فیصلہ کرو جو اللہ نے نازل فرمایا ہے اور

لَا تَتَّبِعْ اَهْوَآءَهُمْ وَ احْذَرْهُمْ اَنْ يَّفْتِنُوْكَ

لَا تَتَّبِعْ	اَهْوَآءَهُمْ	وَ	احْذَرْهُمْ	اَنْ	يَّفْتِنُوْكَ
پیچھے نہ چلو	ان کی خواہشات (کے)	اور	بچتے رہو ان سے	کہ	وہ بہکا (نہ) دیں تمہیں

ان کی خواہشات کے پیچھے نہ چلو اور ان سے بچتے رہو کہ کہیں وہ تمہیں

عَنْۢ بَعْضِ مَاۤ اَنْزَلَ اللّٰهُ اِلَيْكَ ؕ فَاِنْ تَوَلَّوْا

عَنْۢ بَعْضِ	مَاۤ	اَنْزَلَ	اللّٰهُ	اِلَيْكَ	فَاِنْ	تَوَلَّوْا
(اس کے) بعض (احکام) سے	جو	نازل کیا	اللہ (نے)	تمہاری طرف	پھر اگر	وہ منہ پھیریں

اس کے بعض احکام سے ہٹا نہ دیں جو اللہ نے تمہاری طرف نازل کیا ہے۔ پھر اگر وہ منہ پھیریں

فَاعْلَمْ اَنَّمَا يُرِيْدُ اللّٰهُ اَنْ يُّصِيْبَهُمْ بِبَعْضِ ذُنُوْبِهِمْ ؕ وَ

فَاعْلَمْ	اَنَّمَا	يُرِيْدُ	اللّٰهُ	اَنْ	يُّصِيْبَهُمْ	بِبَعْضِ ذُنُوْبِهِمْ	وَ
تو جان لو	صرف	چاہتا ہے	اللہ	کہ	پہنچائے انہیں (سزا)	ان کے کچھ گناہوں کی	اور

تو جان لو کہ اللہ انہیں ان کے بعض گناہوں کی سزا پہنچانا چاہتا ہے اور

اِنَّ كَثِيْرًا مِّنَ النَّاسِ لَفٰسِقُوْنَ ﴿۴۹﴾ اَفَحُكْمَ الْجَاهِلِيَّةِ يَبْغُوْنَ ؕ

اِنَّ	كَثِيْرًا مِّنَ النَّاسِ	لَفٰسِقُوْنَ ﴿۴۹﴾	اَفَحُكْمَ الْجَاهِلِيَّةِ	يَبْغُوْنَ
بیشک	بہت سے لوگ	ضرور نافرمانی کرنے والے (ہیں)	تو کیا جاہلیت کا حکم	وہ چاہتے ہیں

بیشک بہت سے لوگ نافرمان ہیں ○ تو کیا یہ لوگ جاہلیت کا حکم چاہتے ہیں

عنوان احکامِ قرآن کے مطابق اہلِ کتاب میں فیصلہ کرنے کا حکم اور ایک تنبیہ — اللہ تعالیٰ کا حکم ہی سب سے اچھا حکم ہے

= آنے کی دعوت دی۔ اس میں ہماری بہت سی چیزوں کی اصلاح ہے۔

(1)...... یہاں مسلمان فیصلہ کرنے والوں کو فرمایا کہ اہلِ کتاب کے درمیان اللہ عَزَّوَجَلَّ کے نازل فرمائے ہوئے حکم کے مطابق فیصلہ کرو اور اس بات سے بچتے رہو کہ یہ لوگ تمہیں کسی غلطی کے مرتکب نہ کروا دیں اور اگر یہ اہلِ کتاب لوگ قرآن سے اعراض کریں تو سمجھ جاؤ کہ اللہ تعالیٰ انہیں ان کے گناہوں کی سزا دینا چاہتا ہے جو دنیا میں قتل و گرفتاری اور جلاوطنی کے ساتھ ہو گی۔ جبکہ ویسے تمام گناہوں کی سزا آخرت میں دے گا۔

وَمَنْ اَحْسَنُ مِنَ اللّٰهِ حُكْمًا لِّقَوْمٍ يُّوْقِنُوْنَ ﴿۵۰﴾ ع

وَ	مَنْ	اَحْسَنُ مِنَ اللّٰهِ	حُكْمًا	لِّقَوْمٍ	يُّوْقِنُوْنَ ﴿۵۰﴾
اور	کون	اللہ سے بہتر	حکم (میں)	(اس) قوم کے لیے	(جو) یقین کرتے ہیں

اور یقین والوں کے لیے اللہ سے بہتر کس کا حکم ہوسکتا ہے؟○

يٰۤاَيُّهَا الَّذِيْنَ اٰمَنُوْا لَا تَتَّخِذُوا الْيَهُوْدَ وَ النَّصٰرٰۤى اَوْلِيَآءَ ؔ

يٰۤاَيُّهَا	الَّذِيْنَ	اٰمَنُوْا	لَا تَتَّخِذُوْا	الْيَهُوْدَ	وَ	النَّصٰرٰۤى	اَوْلِيَآءَ(1)
اے	وہ لوگو جو	ایمان لائے	نہ بناؤ	یہودیوں	اور	عیسائیوں (کو)	دوست

اے ایمان والو! یہود و نصاریٰ کو دوست نہ بناؤ،

بَعْضُهُمْ اَوْلِيَآءُ بَعْضٍ ؕ وَ مَنْ يَّتَوَلَّهُمْ مِّنْكُمْ فَاِنَّهٗ

بَعْضُهُمْ	اَوْلِيَآءُ بَعْضٍ	وَ	مَنْ	يَّتَوَلَّهُمْ	مِّنْكُمْ	فَاِنَّهٗ
ان کے بعض	بعض کے دوست (ہیں)	اور	جو	دوستی رکھے گا ان سے	تم میں سے	تو بیشک وہ

وہ (صرف) آپس میں ایک دوسرے کے دوست ہیں اور تم میں جو کوئی ان سے دوستی رکھے گا تو وہ

مِنْهُمْ ؕ اِنَّ اللّٰهَ لَا يَهْدِي الْقَوْمَ الظّٰلِمِيْنَ ﴿۵۱﴾ فَتَرَى

مِنْهُمْ	اِنَّ	اللّٰهَ	لَا يَهْدِي	الْقَوْمَ الظّٰلِمِيْنَ ﴿۵۱﴾	فَتَرَى
ان میں سے (ہے)	بیشک	اللہ	ہدایت نہیں دیتا	ظلم کرنے والی قوم (کو)	تو تم دیکھو گے

انہیں میں سے ہے بیشک اللہ ظالموں کو ہدایت نہیں دیتا○ تو جن کے

الَّذِيْنَ فِيْ قُلُوْبِهِمْ مَّرَضٌ يُّسَارِعُوْنَ فِيْهِمْ

الَّذِيْنَ	فِيْ قُلُوْبِهِمْ	مَّرَضٌ(2)	يُّسَارِعُوْنَ	فِيْهِمْ
ان لوگوں کو جو	ان کے دلوں میں	مرض (ہے)	جلدی کرتے ہیں	ان (سے دوستی کرنے) میں

دلوں میں مرض ہے تم انہیں دیکھو گے کہ یہود و نصاریٰ کی طرف دوڑے جاتے ہیں۔

عنوان: یہودیوں اور عیسائیوں کو دوست بنانے کی ممانعت | یہود و نصاریٰ سے دوستیاں مستحکم رکھنا منافقوں کا طریقہ ہے

1 ...... اس آیت میں یہود و نصاریٰ کے ساتھ دوستی و موالات سے منع فرمایا گیا۔ یہ حکم عام ہے اگرچہ آیت کا نزول کسی خاص واقعہ میں ہوا ہو۔

2 ...... اس سے معلوم ہوا کہ کفار کی طرف میلان اور ان کی طرف کھچاؤ دل کی بیماری یعنی کفر، نفاق یا ایمانی کمزوری کی علامت ہے۔

يَقُوْلُوْنَ نَخْشٰۤی اَنْ تُصِيْبَنَا دَآىِٕرَةٌ ؕ فَعَسَی اللّٰهُ اَنْ

يَقُوْلُوْنَ	نَخْشٰۤی	اَنْ	تُصِيْبَنَا	دَآىِٕرَةٌ (1)	فَعَسَی	اللّٰهُ	اَنْ
وہ کہتے ہیں	ہم ڈرتے ہیں	کہ	پہنچے ہمیں	کوئی گردش	تو قریب ہے	اللہ	کہ

کہتے ہیں کہ ہمیں اپنے اوپر گردش آنے کا ڈر ہے تو قریب ہے کہ اللہ

يَّاْتِيَ بِالْفَتْحِ اَوْ اَمْرٍ مِّنْ عِنْدِهٖ فَيُصْبِحُوْا عَلٰی مَاۤ

يَّاْتِيَ بِالْفَتْحِ	اَوْ	اَمْرٍ مِّنْ عِنْدِهٖ	فَيُصْبِحُوْا	عَلٰی	مَاۤ
لے آئے فتح	یا	اپنے پاس سے کوئی خاص حکم	پھر وہ ہو جائیں گے	(اس) پر	جو

فتح یا اپنی طرف سے کوئی خاص حکم لے آئے پھر یہ لوگ اس پر

اَسَرُّوْا فِیْۤ اَنْفُسِهِمْ نٰدِمِيْنَ ؕ﴿۵۲﴾ وَيَقُوْلُ الَّذِيْنَ اٰمَنُوْۤا

اَسَرُّوْا	فِیْۤ اَنْفُسِهِمْ	نٰدِمِيْنَ ﴿۵۲﴾ (2)	وَ	يَقُوْلُ	الَّذِيْنَ	اٰمَنُوْۤا
انہوں نے چھپایا تھا	اپنے دلوں میں	پچھتانے والے	اور	کہیں گے	وہ لوگ جو	ایمان لائے

پچھتائیں گے جو اپنے دلوں میں چھپاتے تھے ○ اور ایمان والے کہیں گے:

اَهٰۤؤُلَآءِ الَّذِيْنَ اَقْسَمُوْا بِاللّٰهِ جَهْدَ اَيْمَانِهِمْ ۙ

اَهٰۤؤُلَآءِ	الَّذِيْنَ	اَقْسَمُوْا	بِاللّٰهِ	جَهْدَ اَيْمَانِهِمْ
کیا یہ	وہ لوگ ہیں جنہوں نے	قسم کھائی	اللہ کی	اپنی قسموں میں پوری کوشش (سے)

کیا یہی ہیں وہ لوگ جنہوں نے اللہ کی بڑی پکی قسمیں کھائی تھیں

اِنَّهُمْ لَمَعَكُمْ ؕ حَبِطَتْ اَعْمَالُهُمْ فَاَصْبَحُوْا

اِنَّهُمْ	لَمَعَكُمْ	حَبِطَتْ	اَعْمَالُهُمْ	فَاَصْبَحُوْا
کہ وہ	ضرور تمہارے ساتھ (ہیں)	(تو) ضائع ہو گئے	ان کے اعمال	پس وہ ہو گئے

کہ وہ تمہارے ساتھ ہیں۔ تو ان کے تمام اعمال برباد ہو گئے پس یہ

عنوان منافقوں کی منافقت آشکار ہونے پر مسلمانوں کا تعجب

1 ...... منافقین دنیاوی مصیبت کے اندیشے کی بنا پر یہودیوں سے محبت اور میل جول رکھتے تھے حالانکہ ان سے میل جول رکھنا دین کے لئے بہت خطرناک تھا، اس سے معلوم ہوا کہ دنیاوی خطرات کی وجہ سے اپنے دین کو خطرے میں ڈال دینا منافقوں کا طریقہ ہے۔

2 ...... اس آیت میں دی گئی خبر سچ ثابت ہوئی اور اللہ تعالیٰ کے کرم سے مکہ مکرمہ اور یہودیوں کے علاقے فتح ہوئے اور منافق دونوں طرف سے ذلیل ہوئے، انہیں نہ مسلمانوں میں عزت ملی اور نہ یہودیوں میں۔

خٰسِرِیْنَ ﴿۵۳﴾ یٰۤاَیُّهَا الَّذِیْنَ اٰمَنُوْا مَنْ یَّرْتَدَّ مِنْكُمْ

خٰسِرِیْنَ ﴿۵۳﴾	یٰۤاَیُّهَا	الَّذِیْنَ	اٰمَنُوْا	مَنْ	یَّرْتَدَّ (1)	مِنْكُمْ
نقصان اٹھانے والوں (سے)	اے	وہ لوگو جو	ایمان لائے	جو کوئی	پھرے گا	تم میں سے

نقصان اٹھانے والوں میں سے ہوگئے ○ اے ایمان والو! تم میں جو کوئی اپنے دین سے

عَنْ دِیْنِهٖ فَسَوْفَ یَاْتِی اللّٰهُ بِقَوْمٍ یُّحِبُّهُمْ وَ

عَنْ دِیْنِهٖ	فَسَوْفَ یَاْتِی اللّٰهُ بِقَوْمٍ (2)	یُّحِبُّهُمْ	وَ
اپنے دین سے	تو عنقریب لے آئے گا اللہ (ایسی) قوم	(اللہ) محبت فرماتا ہے ان سے	اور

پھرے گا تو عنقریب اللہ ایسی قوم لے آئے گا جن سے اللہ محبت فرماتا ہے اور

یُحِبُّوْنَهٗۤ ۙ اَذِلَّةٍ عَلَى الْمُؤْمِنِیْنَ اَعِزَّةٍ عَلَى الْكٰفِرِیْنَ ؗ

یُحِبُّوْنَهٗۤ	اَذِلَّةٍ عَلَى الْمُؤْمِنِیْنَ	اَعِزَّةٍ عَلَى الْكٰفِرِیْنَ
وہ محبت کرتے ہیں اس سے	ایمان والوں پر نرم	کافروں پر سخت (ہیں)

وہ اللہ سے محبت کرتے ہیں مسلمانوں پر نرم اور کافروں پر سخت ہیں،

یُجَاهِدُوْنَ فِیْ سَبِیْلِ اللّٰهِ وَ لَا یَخَافُوْنَ لَوْمَةَ لَآىٕمٍ ؕ

یُجَاهِدُوْنَ	فِیْ سَبِیْلِ اللّٰهِ	وَ	لَا یَخَافُوْنَ	لَوْمَةَ لَآىٕمٍ
جہاد کرتے ہیں	اللہ کی راہ میں	اور	نہیں ڈرتے	کسی ملامت کرنے والے کی ملامت (سے)

اللہ کی راہ میں جہاد کرتے ہیں اور کسی ملامت کرنے والے کی ملامت سے نہیں ڈرتے۔

ذٰلِكَ فَضْلُ اللّٰهِ یُؤْتِیْهِ مَنْ یَّشَآءُ ؕ وَ اللّٰهُ وَاسِعٌ

ذٰلِكَ	فَضْلُ اللّٰهِ	یُؤْتِیْهِ	مَنْ	یَّشَآءُ	وَ	اللّٰهُ	وَاسِعٌ
یہ (سیرت)	اللہ کا فضل (ہے)	وہ دیتا ہے اسے	جسے	وہ چاہتا ہے	اور	اللہ	وسعت والا

یہ (اچھی سیرت) اللہ کا فضل ہے جسے چاہتا ہے عطا فرمادیتا ہے اور اللہ وسعت والا،

عنوان: لوگوں کے مرتد ہونے کی خبر — اللہ تعالیٰ کے پاکیزہ صفت بندوں کے عظیم اوصاف

1..... کفار کے ساتھ دوستی یاری اور محبت و قلبی تعلق چونکہ بعض اوقات بے دینی اور ارتداد کا سبب بن جاتا ہے، اس لئے کفار سے دوستی کی ممانعت کے بعد مرتدین کا ذکر فرمایا اور مرتد ہونے سے پہلے لوگوں کے مرتد ہونے کی خبر دی چنانچہ یہ خبر سچ ثابت ہوئی اور بہت سے لوگ مرتد ہوئے۔

2..... آیت کے اس حصے سے مسلمانوں کے سامنے ایک کامل مسلمان کا نمونہ پیش کیا گیا ہے کہ کامل مسلمان کیسا ہوتا ہے؟ لہٰذا ہمیں بھی یہاں بیان کردہ صفات کی روشنی میں اپنے اوپر غور کرلینا چاہیے۔

عَلِیْمٌ ﴿۵۴﴾ اِنَّمَا وَلِیُّكُمُ اللّٰهُ وَ رَسُوْلُهٗ وَ الَّذِیْنَ

عَلِیْمٌ ﴿۵۴﴾	اِنَّمَا	وَلِیُّكُمُ	اللّٰهُ	وَ	رَسُوْلُهٗ	وَ	الَّذِیْنَ
علم والا	صرف	تمہارے دوست	اللہ	اور	اس کا رسول	اور	وہ لوگ ہیں جو

علم والا ہے ○ تمہارے دوست صرف اللہ اور اس کا رسول اور

اٰمَنُوا الَّذِیْنَ یُقِیْمُوْنَ الصَّلٰوةَ وَ یُؤْتُوْنَ الزَّكٰوةَ وَ هُمْ

اٰمَنُوْا (1)	الَّذِیْنَ	یُقِیْمُوْنَ	الصَّلٰوةَ	وَ	یُؤْتُوْنَ	الزَّكٰوةَ	وَ	هُمْ
ایمان لائے	وہ لوگ جو	قائم کرتے ہیں	نماز	اور	ادا کرتے ہیں	زکوۃ	اور	وہ

ایمان والے ہیں جو نماز قائم کرتے ہیں اور زکوۃ دیتے ہیں اور

رٰكِعُوْنَ ﴿۵۵﴾ وَ مَنْ یَّتَوَلَّ اللّٰهَ وَ رَسُوْلَهٗ وَ

رٰكِعُوْنَ ﴿۵۵﴾	وَ	مَنْ	یَّتَوَلَّ	اللّٰهَ	وَ	رَسُوْلَهٗ	وَ
(اللہ کے حضور) جھکنے والے (ہیں)	اور	جو	دوست بنائے	اللہ	اور	اس کے رسول	اور

اللہ کے حضور جھکے ہوئے ہیں ○ اور جو اللہ اور اس کے رسول اور

الَّذِیْنَ اٰمَنُوْا فَاِنَّ حِزْبَ اللّٰهِ هُمُ الْغٰلِبُوْنَ ﴿۵۶﴾ یٰۤاَیُّهَا الَّذِیْنَ

الَّذِیْنَ	اٰمَنُوْا	فَاِنَّ	حِزْبَ اللّٰهِ	هُمُ	الْغٰلِبُوْنَ ﴿۵۶﴾	یٰۤاَیُّهَا	الَّذِیْنَ
ان لوگوں کو جو	ایمان لائے	تو بیشک	اللہ کا گروہ	وہ	غالب آنے والے	اے	وہ لوگو جو

مسلمانوں کو اپنا دوست بنائے تو بیشک اللہ ہی کا گروہ غالب ہے ○ اے ایمان والو!

اٰمَنُوْا لَا تَتَّخِذُوا الَّذِیْنَ اتَّخَذُوْا دِیْنَكُمْ هُزُوًا

اٰمَنُوْا	لَا تَتَّخِذُوْا	الَّذِیْنَ	اتَّخَذُوْا	دِیْنَكُمْ	هُزُوًا (2)
ایمان لائے	نہ بناؤ	ان لوگوں کو جنہوں نے	بنالیا	تمہارے دین (کو)	مذاق

جن لوگوں کو تم سے پہلے کتاب دی گئی ان میں سے وہ لوگ جنہوں نے تمہارے دین کو مذاق

عنوان اللہ تعالیٰ، اس کا رسول اور باعمل مسلمان تمہارے دوست ہیں — کافروں کو دوست بنانے والے مغلوب ہوں گے — دین کو مذاق اور کھیل بنانے والوں اور کافروں سے دوستی کی ممانعت

1 ...... جن لوگوں یعنی کافروں کے ساتھ دلی دوستیاں لگانا حرام ہے، ان کا ذکر فرمانے کے بعد اب ان کا بیان فرمایا گیا جن کے ساتھ موالات واجب ہے۔
نوٹ: اس آیت مبارکہ میں بیان کردہ حکم تمام مسلمانوں کے لیے عام ہے سب ایک دوسرے کے دوست اور محب بنیں۔

2 ...... زبان سے اسلام کا اظہار کرنا اور دل میں کفر چھپائے رکھنا دین کو ہنسی اور کھیل بنانا ہے، ایسے لوگوں اور ان کے علاوہ مشرکوں کافروں کو دوست بنانے سے بھی منع کیا گیا ہے کیونکہ خدا عَزَّوَجَلَّ کے دشمنوں سے دوستی کرنا ایمان دار کا کام نہیں۔

وَّ لَعِبًا مِّنَ الَّذِيْنَ اُوْتُوا الْكِتٰبَ مِنْ قَبْلِكُمْ وَ

وَّ	لَعِبًا	مِّنَ الَّذِيْنَ	اُوْتُوا	الْكِتٰبَ	مِنْ قَبْلِكُمْ	وَ
اور	کھیل	ان لوگوں میں سے جنہیں	دی گئی	کتاب	تم سے پہلے	اور

اور کھیل بنالیا ہے انہیں اور کافروں کو

الْكُفَّارَ اَوْلِيَآءَ ۚ وَاتَّقُوا اللّٰهَ اِنْ كُنْتُمْ مُّؤْمِنِيْنَ ﴿۵۷﴾ وَ

الْكُفَّارَ	اَوْلِيَآءَ	وَ	اتَّقُوا	اللّٰهَ	اِنْ	كُنْتُمْ	مُّؤْمِنِيْنَ ﴿۵۷﴾	وَ
کفار (کو)	دوست (نہ بناؤ)	اور	ڈرتے رہو	اللہ (سے)	اگر	تم ہو	ایمان والے	اور

اپنا دوست نہ بناؤ اور اگر ایمان رکھتے ہو تو اللہ سے ڈرتے رہو ○ اور

اِذَا نَادَيْتُمْ اِلَى الصَّلٰوةِ اتَّخَذُوْهَا هُزُوًا وَّ لَعِبًا ؕ

اِذَا	نَادَيْتُمْ	اِلَى الصَّلٰوةِ	اتَّخَذُوْهَا	هُزُوًا	وَّ	لَعِبًا(1)
جب	تم پکارتے (اذان دیتے) ہو	نماز کی طرف	وہ بنالیتے ہیں اس کو	ہنسی مذاق	اور	کھیل

جب تم نماز کے لئے اذان دیتے ہو تو یہ اس کو ہنسی مذاق اور کھیل بنالیتے ہیں۔

ذٰلِكَ بِاَنَّهُمْ قَوْمٌ لَّا يَعْقِلُوْنَ ﴿۵۸﴾ قُلْ يٰۤاَهْلَ الْكِتٰبِ

ذٰلِكَ	بِاَنَّهُمْ	قَوْمٌ	لَّا يَعْقِلُوْنَ ﴿۵۸﴾	قُلْ	يٰۤاَهْلَ الْكِتٰبِ
یہ	(اس کے) سبب کہ وہ	(ایسے) لوگ (ہیں)	(جو) عقل نہیں رکھتے	تم کہو	اے اہلِ کتاب

یہ اس لئے ہے کہ وہ بالکل بے عقل لوگ ہیں ○ تم فرماؤ: اے اہلِ کتاب!

هَلْ تَنْقِمُوْنَ مِنَّاۤ اِلَّاۤ اَنْ اٰمَنَّا بِاللّٰهِ

هَلْ	تَنْقِمُوْنَ	مِنَّاۤ	اِلَّاۤ	اَنْ	اٰمَنَّا	بِاللّٰهِ
کیا (یعنی نہیں)	تمہیں برا لگا	ہماری طرف سے	مگر	یہ کہ	ہم ایمان لائے	اللہ پر

تمہیں ہماری طرف سے یہی برا لگا ہے کہ ہم اللہ پر

عنوان دینی شعائر کا مذاق اُڑانا یہودیوں کا فعل ہے — اللہ، رسول اور قرآن پر ایمان لانا یہودیوں کو برا لگتا ہے

(1)...... افسوس کہ جو کام یہودی اور منافق کیا کرتے تھے وہی کام آج مسلمان کہلانے والوں میں آتے جارہے ہیں۔ نماز، روزہ، حج، زکوۃ، فرشتے، جنت، حوریں، دوزخ، اس کے عذاب، قرآنی آیات، احادیثِ نبوی، دینی شعائر، عمامہ، داڑھی، مسجد، مدرسے، دیندار آدمی، دینی لباس، دینی جملے، مقدس کلمات الغرض وہ کونسی مذہبی چیز ہے کہ جس کا اِس زمانے میں کھلے عام فلموں، ڈراموں، خصوصاً مزاحیہ ڈراموں، عام بول چال، دوستوں کی مجلسوں، دنیاوی تقریروں، ہنسی مذاق کی نشستوں اور باہمی گپ شپ میں مذاق نہیں اُڑایا جاتا حالانکہ دینی شعائر کا مذاق اڑانا کفر ہے۔ اللہ تعالیٰ انہیں ہدایت اور عقل سلیم عطا فرمائے۔

وَمَآ اُنْزِلَ اِلَيْنَا وَمَآ اُنْزِلَ مِنْ قَبْلُ ۙ وَاَنَّ

وَ	مَآ	اُنْزِلَ	اِلَيْنَا	وَ	مَآ	اُنْزِلَ	مِنْ قَبْلُ	وَ	اَنَّ
اور	جو	نازل کیا گیا	ہماری طرف	اور	جو	نازل کیا گیا	(اس) سے پہلے	اور	بیشک

اور جو ہماری طرف نازل کیا گیا اس پر اور جو پہلے نازل کیا گیا اس پر ایمان لائے ہیں اور بیشک

اَكْثَرَكُمْ فٰسِقُوْنَ ﴿۵۹﴾ قُلْ هَلْ اُنَبِّئُكُمْ بِشَرٍّ مِّنْ ذٰلِكَ

اَكْثَرَكُمْ	فٰسِقُوْنَ ﴿۵۹﴾	قُلْ	هَلْ	اُنَبِّئُكُمْ	بِشَرٍّ مِّنْ ذٰلِكَ (1)
تمہارے اکثر (لوگ)	فاسق ہیں	تم کہو	کیا	میں خبر دوں تمہیں	اس سے زیادہ برے کی

تمہارے اکثر لوگ فاسق ہیں ○ اے محبوب! تم فرماؤ: کیا میں تمہیں وہ لوگ بتاؤں جو

مَثُوْبَةً عِنْدَ اللّٰهِ ؕ مَنْ لَّعَنَهُ اللّٰهُ وَغَضِبَ

مَثُوْبَةً	عِنْدَ اللّٰهِ	مَنْ	لَّعَنَهُ	اللّٰهُ	وَ	غَضِبَ
درجے (میں)	اللہ کے ہاں	(یہ وہ ہے) جو	لعنت فرمائی اس پر	اللہ (نے)	اور	غضب فرمایا

اللہ کے ہاں اس سے بدتر درجہ کے ہیں، یہ وہ ہیں جن پر اللہ نے لعنت کی اور ان پر

عَلَيْهِ وَجَعَلَ مِنْهُمُ الْقِرَدَةَ وَالْخَنَازِيْرَ وَعَبَدَ

عَلَيْهِ	وَ	جَعَلَ	مِنْهُمُ	الْقِرَدَةَ	وَ	الْخَنَازِيْرَ	وَ	عَبَدَ
اس پر	اور	بنادیئے	ان میں سے	بندر	اور	خنزیر	اور	(جس نے) عبادت کی

غضب فرمایا اور ان میں سے بہت سے لوگوں کو بندر اور سور بنادیا اور جنہوں نے

الطَّاغُوْتَ ؕ اُولٰٓئِكَ شَرٌّ مَّكَانًا وَّاَضَلُّ

الطَّاغُوْتَ	اُولٰٓئِكَ	شَرٌّ	مَّكَانًا	وَّ	اَضَلُّ
شیطان (کی)	یہ لوگ	سب سے برے (ہیں)	ٹھکانے (کے اعتبار سے)	اور	سب زیادہ بھٹکے ہوئے

شیطان کی عبادت کی، یہ لوگ بدترین مقام والے اور سیدھے راستے سے

عنوان یہودی بارگاہِ الٰہی میں بدتر درجے والے ہیں

(1)...... یہودیوں نے مسلمانوں سے کہا کہ تمہارے دین سے بدتر کوئی دین ہم نہیں جانتے۔ اس پر فرمایا گیا کہ مسلمانوں کو تو تم صرف اپنے بغض وکینہ اور دشمنی کی وجہ سے ہی برا کہتے ہو جبکہ حقیقت میں اصل بدتر تو تم لوگ ہو اور ذرا اپنے حالات دیکھ کر خود فیصلہ کرلو کہ تم اللہ تعالیٰ کے محبوب ہو یا مردود؟ پچھلے زمانہ میں صورتیں تمہاری مسخ ہوئیں، سور، بندر تم بنائے گئے، بچھڑے کو تم نے پوجا، اللہ تعالیٰ کی لعنت تم پر ہوئی، غضبِ الٰہی کے مستحق تم ہوئے تو حقیقی بدنصیب اور بدتر تو تم ہو اور تم ہی بدترین مقام یعنی جہنم میں جاؤ گے۔

عَنْ سَوَآءِ السَّبِيْلِ ﴿٦٠﴾ وَ اِذَا جَآءُوْكُمْ قَالُوْٓا اٰمَنَّا

عَنْ سَوَآءِ السَّبِيْلِ ﴿٦٠﴾	وَ	اِذَا	جَآءُوْكُمْ	قَالُوْٓا	اٰمَنَّا
سیدھے راستے سے	اور	جب	وہ آتے ہیں تمہارے پاس	(تو) کہتے ہیں	ہم ایمان لاچکے

سب سے زیادہ بھٹکے ہوئے ہیں ○ اور جب تمہارے پاس آتے ہیں تو کہتے ہیں ہم مسلمان ہیں

وَقَدْ دَّخَلُوْا بِالْكُفْرِ وَهُمْ قَدْ خَرَجُوْا بِهٖ ؕ

وَ	قَدْ	دَّخَلُوْا	بِالْكُفْرِ	وَ	هُمْ	قَدْ	خَرَجُوْا [1]	بِهٖ
اور (حالانکہ)	تحقیق	وہ داخل ہوئے	کفر کے ساتھ	اور	وہ	تحقیق	نکلے	اس کے ساتھ

حالانکہ وہ آتے وقت بھی کافر تھے اور جاتے وقت بھی کافر ہی تھے

وَاللّٰهُ اَعْلَمُ بِمَا كَانُوْا يَكْتُمُوْنَ ﴿٦١﴾ وَتَرٰى كَثِيْرًا

وَ	اللّٰهُ	اَعْلَمُ	بِمَا	كَانُوْا يَكْتُمُوْنَ ﴿٦١﴾	وَ	تَرٰى	كَثِيْرًا
اور	اللہ	خوب جانتا ہے	(اس) کو جو	وہ چھپارہے ہیں	اور	تم دیکھو گے	بہت سے

اور اللہ خوب جانتا ہے جو وہ چھپا رہے ہیں ○ اور تم ان میں سے

مِّنْهُمْ يُسَارِعُوْنَ فِي الْاِثْمِ وَالْعُدْوَانِ وَاَكْلِهِمُ السُّحْتَ ؕ

مِّنْهُمْ	يُسَارِعُوْنَ	فِي الْاِثْمِ وَالْعُدْوَانِ	وَ	اَكْلِهِمُ السُّحْتَ [2]
ان میں سے	وہ دوڑے جاتے ہیں	گناہ اور زیادتی میں	اور	اپنے حرام مال کھانے (میں)

بہت سے لوگوں کو دیکھو گے کہ گناہ اور زیادتی اور حرام خوری کے کاموں میں دوڑے جاتے ہیں۔

لَبِئْسَ مَا كَانُوْا يَعْمَلُوْنَ ﴿٦٢﴾ لَوْلَا يَنْهٰىهُمُ الرَّبّٰنِيُّوْنَ

لَبِئْسَ	مَا	كَانُوْا يَعْمَلُوْنَ ﴿٦٢﴾	لَوْلَا	يَنْهٰىهُمُ	الرَّبّٰنِيُّوْنَ
ضرور برا ہے	جو	وہ کام کرتے ہیں	کیوں نہیں	منع کرتے انہیں	(ان کے) درویش

بیشک یہ بہت ہی برے کام کرتے ہیں ○ ان کے درویش

عنوان: یہودیوں کی منافقت — گناہ، زیادتی اور حرام خوری میں جلدی کرنا یہودیوں کا وصف ہے — یہودی درویشوں اور علماء کی بدعملی پر انہیں تنبیہ

1 ...... منافق بد اعتقادی کے ساتھ آتے تھے تو جیسے آتے ویسے ہی جاتے اور صحابہ رَضِیَ اللّٰہُ تَعَالٰی عَنْہُم عقیدت و محبت کے ساتھ آتے تو فیض کے دریا سمیٹ کر جاتے تھے۔ اس سے معلوم ہوا کہ بد اعتقادی کے ساتھ کسی کے پاس جانے والا فیض نہیں اٹھا سکتا۔

2 ...... یہاں گناہ سے مراد تورات کی وہ آیات چھپانا ہے جن میں تاجدارِ رسالت صَلَّی اللّٰہُ تَعَالٰی عَلَیْہِ وَاٰلِہٖ وَسَلَّم کی عظمت و شان کا بیان تھا اور زیادتی سے مراد تورات میں اپنی طرف سے بڑھا دینا ہے اور حرام خواری سے مراد وہ رشوتیں ہیں جو وصول کر کے یہودی علماء تورات کے احکام بدل دیتے تھے۔

وَ الْاَحْبَارُ عَنْ قَوْلِهِمُ الْاِثْمَ وَ اَكْلِهِمُ السُّحْتَ ؕ

وَ	الْاَحْبَارُ (1)	عَنْ قَوْلِهِمُ الْاِثْمَ	وَ	اَكْلِهِمُ السُّحْتَ
اور	علماء	ان کے گناہ کی بات کہنے سے	اور	ان کے حرام مال کھانے (سے)

اور علماء انہیں گناہ کی بات کہنے اور حرام کھانے سے کیوں نہیں منع کرتے۔

لَبِئْسَ مَا كَانُوْا يَصْنَعُوْنَ ﴿٦٣﴾ وَ قَالَتِ الْيَهُوْدُ يَدُ اللّٰهِ

لَبِئْسَ	مَا	كَانُوْا يَصْنَعُوْنَ ﴿٦٣﴾	وَ	قَالَتِ	الْيَهُوْدُ	يَدُ اللّٰهِ
ضرور برا ہے	جو	وہ کررہے ہیں	اور	کہا	یہودیوں (نے)	اللہ کا ہاتھ

بیشک یہ بہت ہی برے کام کررہے ہیں ۝ اور یہودیوں نے کہا: اللہ کا ہاتھ

مَغْلُوْلَةٌ ؕ غُلَّتْ اَيْدِيْهِمْ وَ لُعِنُوْا بِمَا

مَغْلُوْلَةٌ	غُلَّتْ	اَيْدِيْهِمْ	وَ	لُعِنُوْا	بِمَا
بندھا ہوا (ہے)	باندھے جائیں	ان کے ہاتھ	اور	ان پر لعنت کی گئی	(اس کے) سبب جو

بندھا ہوا ہے۔ ان کے ہاتھ باندھے جائیں اور ان پر اس کہنے کی وجہ سے

قَالُوْا ۘ بَلْ يَدٰهُ مَبْسُوْطَتٰنِ ۙ يُنْفِقُ كَيْفَ يَشَآءُ ؕ وَ

قَالُوْا	بَلْ	يَدٰهُ	مَبْسُوْطَتٰنِ (2)	يُنْفِقُ	كَيْفَ	يَشَآءُ	وَ
انہوں نے کہا	بلکہ	اس کے ہاتھ	کشادہ ہیں	وہ خرچ کرتا ہے	جیسے	چاہتا ہے	اور

لعنت ہے بلکہ اللہ کے ہاتھ کشادہ ہیں جیسے چاہتا ہے خرچ فرماتا ہے اور

لَيَزِيْدَنَّ كَثِيْرًا مِّنْهُمْ مَّآ اُنْزِلَ اِلَيْكَ

لَيَزِيْدَنَّ	كَثِيْرًا	مِّنْهُمْ	مَّآ	اُنْزِلَ	اِلَيْكَ
ضرور بڑھادے گا	بہت سے (لوگوں کو)	ان میں سے	وہ جو	نازل کیا گیا	تمہاری طرف

اے حبیب! یہ جو تمہاری طرف تمہارے رب کی طرف سے نازل کیا گیا ہے

عنوان: یہودیوں کی اللہ تعالیٰ کی طرف بخل کی نسبت اور اس کا رد — نزولِ قرآن کے ساتھ ساتھ یہودیوں کے حسد وعناد میں اضافہ

(1)...... یہاں یہودی درویشوں اور علماء کے متعلق فرمایا گیا کہ انہوں نے اپنی قوم کو گناہ کی بات کہنے اور حرام کھانے سے کیوں نہ روکا۔ اس سے معلوم ہوا کہ عالم دین کی اس بات پر بھی پکڑ ہوگی کہ وہ گناہ ہوتے ہوئے دیکھیں اور قدرت کے باوجود منع نہ کریں کیونکہ ایسا عالم گناہ کرنے والے کی طرح ہے۔ عالم پر واجب ہے کہ خود بھی سنبھلے اور دوسروں کو بھی سنبھالے۔ (2)...... اللہ تعالیٰ کے ہاتھ کشادہ ہونے سے مراد بے حد کرم اور مہربانی ہے کہ دوستوں کو بھی نوازے اور دشمنوں کو بھی محروم نہ کرے ورنہ اللہ تعالیٰ جسمانی ہاتھ اور ہاتھ کے کھلنے سے پاک ہے۔

مِنْ رَّبِّكَ طُغْيَانًا وَّ كُفْرًا ؕ وَ اَلْقَيْنَا بَيْنَهُمُ

مِنْ رَّبِّكَ	طُغْيَانًا وَّ كُفْرًا (1)	وَ	اَلْقَيْنَا	بَيْنَهُمُ
تمہارے رب کی طرف سے	سرکشی اور کفر (میں)	اور	ہم نے ڈال دی	ان کے درمیان

یہ ان میں سے بہت سے لوگوں کی سرکشی اور کفر میں اضافہ کرے گا اور ہم نے قیامت تک

الْعَدَاوَةَ وَ الْبَغْضَآءَ اِلٰى يَوْمِ الْقِيٰمَةِ ؕ كُلَّمَآ اَوْقَدُوْا نَارًا

الْعَدَاوَةَ	وَ	الْبَغْضَآءَ	اِلٰى يَوْمِ الْقِيٰمَةِ	كُلَّمَآ	اَوْقَدُوْا	نَارًا
دشمنی	اور	بغض	قیامت کے دن تک	جب کبھی	وہ بھڑکاتے ہیں	آگ

ان میں دشمنی اور بغض ڈال دیا۔ جب کبھی یہ لڑائی کی آگ

لِّلْحَرْبِ اَطْفَاَهَا اللّٰهُ ۙ وَ يَسْعَوْنَ فِي الْاَرْضِ فَسَادًا ؕ

لِّلْحَرْبِ	اَطْفَاَهَا (2)	اللّٰهُ	وَ	يَسْعَوْنَ	فِي الْاَرْضِ	فَسَادًا
لڑائی کے لئے	بجھا دیتا ہے اسے	اللہ	اور	وہ کوشش کرتے ہیں	زمین میں	فساد (پھیلانے کی)

بھڑکاتے ہیں تو اللہ اسے بجھا دیتا ہے اور یہ زمین میں فساد پھیلانے کے لئے کوشش کرتے ہیں

وَ اللّٰهُ لَا يُحِبُّ الْمُفْسِدِيْنَ ﴿٦٤﴾ وَ لَوْ اَنَّ اَهْلَ الْكِتٰبِ

وَ	اللّٰهُ	لَا يُحِبُّ	الْمُفْسِدِيْنَ ﴿٦٤﴾	وَ	لَوْ	اَنَّ	اَهْلَ الْكِتٰبِ
اور	اللہ	پسند نہیں فرماتا	فساد پھیلانے والوں (کو)	اور	اگر	بیشک	اہلِ کتاب

اور اللہ فساد پھیلانے والوں کو پسند نہیں کرتا ○ اور اگر اہلِ کتاب

اٰمَنُوْا وَ اتَّقَوْا لَكَفَّرْنَا عَنْهُمْ سَيِّاٰتِهِمْ وَ

اٰمَنُوْا	وَ	اتَّقَوْا	لَكَفَّرْنَا	عَنْهُمْ	سَيِّاٰتِهِمْ	وَ
ایمان لاتے	اور	پرہیز گاری اختیار کرتے	(تو) ضرور ہم مٹا دیتے	ان سے	ان کے گناہ	اور

ایمان لاتے اور پرہیز گاری اختیار کرتے تو ضرور ہم ان کے گناہ مٹا دیتے اور

عنوان: یہودیوں میں ہمیشہ باہمی اختلاف رہے گا | یہودیوں کی شرانگیزی اور فساد پر ان کا عبرتناک حال | ایمان لانے والے اہلِ کتاب کی اُخروی اور دنیوی جزاء

(1)...... اس سے معلوم ہوا کہ جس کے دل میں سرورِ کائنات صَلَّی اللّٰہُ تَعَالٰی عَلَیْہِ وَاٰلِہٖ وَسَلَّم کی عظمت نہ ہو اس کے لئے قرآن و حدیث کفر کی زیادتی کا سبب ہیں جیسے آج کل بہت سے بے دینوں کو دیکھا جارہا ہے۔ یاد رہے کہ دین کی عظمت، دین لانے والے محبوب صَلَّی اللّٰہُ تَعَالٰی عَلَیْہِ وَاٰلِہٖ وَسَلَّم کی عظمت سے ہے۔

(2)...... جب بھی یہودیوں نے فساد، شرانگیزی اور اللہ تعالیٰ کے حکم کی مخالفت کی تو اللہ عَزَّوَجَلَّ نے کسی ایسے شخص کو ان پر مسلط کر دیا جس نے انہیں ہلاکت اور بربادی سے دوچار کر دیا، چنانچہ بخت نصر، طیطوس رومی، فارسی مجوسیوں اور مسلمانوں کے ہاتھوں ان کا جو حشر ہوا اس سے کوئی تاریخ دان ناواقف نہیں۔

لَاُدْخِلْنٰهُمْ جَنّٰتِ النَّعِيْمِ ﴿٦٥﴾ وَلَوْ اَنَّهُمْ اَقَامُوا التَّوْرٰىةَ

التَّوْرٰىةَ	اَقَامُوا	اَنَّهُمْ	لَوْ	وَ	جَنّٰتِ النَّعِيْمِ ﴿٦٥﴾	لَاُدْخِلْنٰهُمْ
تورات	قائم رکھتے	بیشک وہ	اگر	اور	نعمتوں کے باغات (میں)	ضرور داخل کرتے انہیں

ضرور انہیں نعمتوں کے باغوں میں داخل کرتے ○ اور اگر وہ تورات

وَالْاِنْجِيْلَ وَمَآ اُنْزِلَ اِلَيْهِمْ مِّنْ رَّبِّهِمْ

مِّنْ رَّبِّهِمْ	اِلَيْهِمْ	اُنْزِلَ	مَآ	وَ	الْاِنْجِيْلَ	وَ
ان کے رب کی طرف سے	ان کی طرف	نازل کیا گیا	جو کچھ	اور	انجیل	اور

اور انجیل اور جو کچھ ان کی طرف ان کے رب کی جانب سے نازل کیا گیا اسے قائم کرلیتے

لَاَكَلُوْا مِنْ فَوْقِهِمْ وَمِنْ تَحْتِ اَرْجُلِهِمْ ؕ مِنْهُمْ

مِنْهُمْ	مِنْ تَحْتِ اَرْجُلِهِمْ	وَ	مِنْ فَوْقِهِمْ	لَاَكَلُوْا[1]
ان میں سے	اپنے پاؤں کے نیچے سے	اور	اپنے اوپر سے	(تو) ضرور وہ (رزق) کھاتے

تو انہیں ان کے اوپر سے اور ان کے قدموں کے نیچے سے رزق ملتا۔ ان میں

اُمَّةٌ مُّقْتَصِدَةٌ ؕ وَكَثِيْرٌ مِّنْهُمْ سَآءَ مَا

مَا	سَآءَ	مِّنْهُمْ	كَثِيْرٌ	وَ	مُّقْتَصِدَةٌ[2]	اُمَّةٌ
جو	بہت برا ہے	ان میں سے	بہت سے	اور	میانہ روی والا (ہے)	ایک گروہ

ایک گروہ اعتدال کی راہ والا ہے اور ان میں اکثر بہت ہی برے

يَعْمَلُوْنَ ﴿٦٦﴾ يٰۤاَيُّهَا الرَّسُوْلُ بَلِّغْ مَآ اُنْزِلَ اِلَيْكَ

اِلَيْكَ	اُنْزِلَ	مَآ	بَلِّغْ	الرَّسُوْلُ	يٰۤاَيُّهَا	يَعْمَلُوْنَ ﴿٦٦﴾
تمہاری طرف	نازل کیا گیا	جو	پہنچادو	رسول	اے	وہ کام کررہے ہیں

کام کررہے ہیں ○ اے رسول! جو کچھ آپ کی طرف آپ کے رب کی جانب سے

عنوان: بعض اہلِ کتاب اعتدال پسند ہیں — حضور اقدس صَلَّى اللّٰهُ تَعَالٰى عَلَيْهِ وَاٰلِهٖ وَسَلَّم کو تبلیغِ رسالت کا حکم اور ان کی حفاظت کا وعدۂ الٰہی

1...... اس آیت سے معلوم ہوا کہ دین کی پابندی اور اللہ تعالیٰ کی اطاعت و فرمانبرداری سے رزق میں وُسعت پیدا ہوتی ہے۔

2...... یعنی سارے اہلِ کتاب یکساں نہیں ہیں بلکہ بعض اعتدال پسند ہیں اور وہ حد سے تجاوز نہیں کرتے، یہ یہودیوں میں سے وہ لوگ ہیں جو تاجدارِ رسالت صَلَّى اللّٰهُ تَعَالٰى عَلَيْهِ وَاٰلِهٖ وَسَلَّم پر ایمان لے آئے جیسے حضرت عبد اللہ بن سلام رَضِيَ اللّٰهُ تَعَالٰى عَنْهُ وغیرہ جبکہ بقیہ اکثریت نافرمان ہے جو کفر پر جمے ہوئے ہیں۔

مِنْ رَّبِّكَ ؕ وَ اِنْ لَّمْ تَفْعَلْ فَمَا بَلَّغْتَ رِسٰلَتَهٗ ؕ

مِنْ رَّبِّكَ	وَ	اِنْ	لَّمْ تَفْعَلْ	فَمَا بَلَّغْتَ	رِسٰلَتَهٗ (1)
تمہارے رب کی طرف سے	اور	اگر	تم نے (ایسا) نہ کیا	تو تم نے نہیں پہنچایا	اس کا (کوئی) پیغام

نازل کیا گیا اس کی تبلیغ فرمادیں اور اگر آپ نے ایسا نہ کیا تو آپ نے اُس کا کوئی پیغام بھی نہ پہنچایا

وَاللّٰهُ یَعْصِمُكَ مِنَ النَّاسِ ؕ اِنَّ اللّٰهَ لَا یَهْدِی

وَ	اللّٰهُ	یَعْصِمُكَ	مِنَ النَّاسِ	اِنَّ	اللّٰهَ	لَا یَهْدِی
اور	اللہ	حفاظت فرمائے گا تمہاری	لوگوں سے	بیشک	اللہ	ہدایت نہیں دیتا

اور اللہ لوگوں سے آپ کی حفاظت فرمائے گا۔ بیشک اللہ کافروں کو

الْقَوْمَ الْكٰفِرِیْنَ ﴿٦٧﴾ قُلْ یٰۤاَهْلَ الْكِتٰبِ لَسْتُمْ عَلٰى شَیْءٍ حَتّٰى

الْقَوْمَ الْكٰفِرِیْنَ ﴿٦٧﴾	قُلْ	یٰۤاَهْلَ الْكِتٰبِ	لَسْتُمْ	عَلٰى شَیْءٍ (2)	حَتّٰى
کفر کرنے والی قوم (کو)	تم کہو	اے اہلِ کتاب	تم نہیں ہو	کسی چیز پر	یہاں تک کہ

ہدایت نہیں دیتا ○ تم فرمادو اے کتابیو! جب تک تم تورات اور انجیل اور

تُقِیْمُوا التَّوْرٰىةَ وَ الْاِنْجِیْلَ وَ مَاۤ اُنْزِلَ اِلَیْكُمْ

تُقِیْمُوا	التَّوْرٰىةَ	وَ	الْاِنْجِیْلَ	وَ	مَاۤ	اُنْزِلَ	اِلَیْكُمْ
تم قائم کرلو	تورات	اور	انجیل	اور	جو	نازل کیا گیا	تمہاری طرف

جو کچھ تمہاری طرف تمہارے رب کی جانب سے نازل کیا گیا ہے

مِّنْ رَّبِّكُمْ ؕ وَ لَیَزِیْدَنَّ كَثِیْرًا مِّنْهُمْ مَّاۤ

مِّنْ رَّبِّكُمْ	وَ	لَیَزِیْدَنَّ	كَثِیْرًا	مِّنْهُمْ	مَّاۤ
تمہارے رب کی طرف سے	اور	ضرور بڑھادے گا	بہت سے (لوگوں کو)	ان میں سے	وہ جو

اسے قائم نہیں کرلیتے تم کسی شے پر نہیں ہو اور اے حبیب! یہ جو تمہاری طرف تمہارے رب کی جانب سے

عنوان: ایمان نہ لانے کی صورت میں اہلِ کتاب کسی دین وملت پر نہیں | نزولِ قرآن سے یہودی علماء اور سرداروں کی سرکشی و کفر میں اضافہ

1 ...... حضور اقدس صَلَّی اللّٰہُ تَعَالٰی عَلَیْہِ وَاٰلِہٖ وَسَلَّم نے کوئی شرعی حکم نہیں چھپایا بلکہ ایک ایک حکم کی پوری تبلیغ فرمائی ہے، لہٰذا آپ صَلَّی اللّٰہُ تَعَالٰی عَلَیْہِ وَاٰلِہٖ وَسَلَّم کی طرف کسی شرعی حکم کے چھپانے کی نسبت ہرگز نہیں کی جاسکتی۔

2 ...... اس آیت سے معلوم ہوا کہ اللہ تعالٰی کے فرمان پر عمل کئے بغیر انسان کچھ نہیں، نہ اس کی کوئی قدر ہے نہ کچھ حقیقت اگرچہ عالم فاضل، خاندانی اور انبیاء کرام عَلَیْہِمُ الصَّلٰوۃُ وَالسَّلَام کی اولاد میں سے ہو۔

اُنْزِلَ اِلَيْكَ مِنْ رَّبِّكَ طُغْيَانًا وَّ كُفْرًا

اُنْزِلَ	اِلَيْكَ	مِنْ رَّبِّكَ	طُغْيَانًا وَّ كُفْرًا
نازل کیا گیا	تمہاری طرف	تمہارے رب کی طرف سے	سرکشی اور کفر (میں)

نازل کیا گیا ہے یہ ان میں سے بہت سے لوگوں کی سرکشی اور کفر میں اضافہ کرے گا

فَلَا تَاْسَ عَلَى الْقَوْمِ الْكٰفِرِيْنَ ۝٦٨ اِنَّ الَّذِيْنَ اٰمَنُوْا

فَلَا تَاْسَ (1)	عَلَى الْقَوْمِ الْكٰفِرِيْنَ ۝٦٨	اِنَّ	الَّذِيْنَ	اٰمَنُوْا
پس تم غم نہ کھاؤ	کفر کرنے والی قوم پر	بیشک	وہ لوگ جو	(صرف زبان سے) ایمان لائے

تو تم کافر قوم پر کچھ غم نہ کھاؤ ۝ بیشک (وہ جو اپنے آپ کو) مسلمان (کہتے ہیں)

وَالَّذِيْنَ هَادُوْا وَالصّٰبِـُٔوْنَ وَالنَّصٰرٰى

وَ	الَّذِيْنَ	هَادُوْا	وَ	الصّٰبِـُٔوْنَ	وَ	النَّصٰرٰى
اور	وہ لوگ جو	یہودی ہوئے	اور	ستاروں کی پوجا کرنے والے	اور	عیسائی

اور یہودی اور ستاروں کی پوجا کرنے والے اور عیسائی

مَنْ اٰمَنَ بِاللّٰهِ وَالْيَوْمِ الْاٰخِرِ وَعَمِلَ

مَنْ	اٰمَنَ	بِاللّٰهِ وَ الْيَوْمِ الْاٰخِرِ	وَ	عَمِلَ
(ان میں سے) جو	(دل سے) ایمان لائے	اللہ اور آخرت کے دن پر	اور	عمل کرے

(ان میں سے) جو (سچے دل سے) اللہ اور قیامت پر ایمان لائے اور اچھے عمل

صَالِحًا فَلَا خَوْفٌ عَلَيْهِمْ وَلَا هُمْ يَحْزَنُوْنَ ۝٦٩ لَقَدْ

صَالِحًا (2)	فَلَا خَوْفٌ	عَلَيْهِمْ	وَ	لَا	هُمْ	يَحْزَنُوْنَ ۝٦٩	لَقَدْ
نیک، اچھا	تو کوئی خوف نہیں	ان پر	اور	نہ	وہ	غمگین ہوں گے	ضرور بیشک

کرے تو ان پر نہ کچھ خوف ہے اور نہ وہ غمگین ہوں گے ۝ بیشک

عنوان: سچے دل سے ایمان لانے اور نیک اعمال کرنے والوں کی جزاء | بنی اسرائیل کا انبیاءِ کرام عَلَيْهِمُ الصَّلٰوةُ وَالسَّلَام کے ایک گروہ کو جھٹلانا اور ایک کو شہید کرنا

(1)...... اس سے معلوم ہوا کہ کسی شخص کے ہٹ دھرمی کی بنا پر ہدایت قبول نہ کرنے پر رنج و غم نہیں کرنا چاہئے بلکہ مبلغ کو چاہئے کہ وہ اپنا تبلیغی کام جاری رکھے اگرچہ لوگ قبول کریں یا نہ کریں۔

(2)...... اس سے معلوم ہوا کہ مومن خواہ کسی درجے کا ہو وہ نیک اعمال ضرور کرے، کوئی شخص اعمال اور تقویٰ سے بے نیاز نہیں۔

اَخَذْنَا مِيْثَاقَ بَنِيْۤ اِسْرَآءِيْلَ وَ اَرْسَلْنَاۤ اِلَيْهِمْ رُسُلًا ؕ كُلَّمَا

اَخَذْنَا	مِيْثَاقَ	بَنِيْۤ اِسْرَآءِيْلَ	وَ	اَرْسَلْنَاۤ	اِلَيْهِمْ	رُسُلًا	كُلَّمَا
ہم نے لیا	عہد	بنی اسرائیل (سے)	اور	ہم نے بھیجے	ان کی طرف	رسول	جب کبھی

ہم نے بنی اسرائیل سے عہد لیا اور ان کی طرف رسول بھیجے (تو) جب کبھی

جَآءَهُمْ رَسُوْلٌۢ بِمَا لَا تَهْوٰۤى اَنْفُسُهُمْ ۙ

جَآءَهُمْ	رَسُوْلٌۢ	بِمَا	لَا تَهْوٰۤى	اَنْفُسُهُمْ
آیا ان کے پاس	کوئی رسول	(اس کے) ساتھ جو	پسند نہیں کرتے	ان کے نفس

ان کے پاس کوئی رسول وہ بات لے کر آیا جو ان کے نفس کو پسند نہ تھی

فَرِيْقًا كَذَّبُوْا وَ فَرِيْقًا يَّقْتُلُوْنَ ۟ۗ ﴿٧٠﴾ وَ

فَرِيْقًا	كَذَّبُوْا	وَ	فَرِيْقًا	يَّقْتُلُوْنَ ﴿٧٠﴾ (1)	وَ
(تو انبیاء کے) ایک گروہ (کو)	انہوں نے جھٹلایا	اور	ایک گروہ (کو)	شہید کرتے رہے	اور

تو انہوں نے (انبیاء کے) ایک گروہ کو جھٹلایا اور ایک گروہ کو شہید کرتے رہے ○ اور

حَسِبُوْۤا اَلَّا تَكُوْنَ فِتْنَةٌ فَعَمُوْا وَ صَمُّوْا

حَسِبُوْۤا	اَلَّا تَكُوْنَ	فِتْنَةٌ	فَعَمُوْا	وَ	صَمُّوْا
انہوں نے گمان کیا	کہ (انہیں) نہ ہوگی	کوئی سزا	تو وہ (حق سے) اندھے ہوگئے	اور	بہرے ہوگئے

انہوں نے یہ گمان کیا کہ انہیں کوئی سزا نہ ہوگی تو یہ اندھے اور بہرے ہوگئے

ثُمَّ تَابَ اللّٰهُ عَلَيْهِمْ ثُمَّ عَمُوْا وَ صَمُّوْا

ثُمَّ	تَابَ اللّٰهُ عَلَيْهِمْ	ثُمَّ	عَمُوْا	وَ	صَمُّوْا
پھر	اللہ نے توبہ قبول فرمائی ان کی	پھر	(دوبارہ) اندھے ہوگئے	اور	بہرے ہوگئے

پھر اللہ نے ان کی توبہ قبول کی پھر ان میں سے بہت سے اندھے اور بہرے

عنوان: یہود و نصاریٰ کا سنگین جرائم کے باوجود خود کو سزا سے محفوظ سمجھنا اور اس کا انجام

(1) ...... انبیاء کرام عَلَیْهِمُ الصَّلٰوۃُ وَالسَّلَام کی تکذیب میں تو یہودی اور عیسائی سب شریک ہیں مگر قتل کرنا یہ خاص یہودیوں کا کام ہے، انہوں نے بہت سے انبیاء کرام عَلَیْهِمُ الصَّلٰوۃُ وَالسَّلَام کو شہید کیا جن میں سے حضرت زکریا اور حضرت یحییٰ عَلَیْهِمَا الصَّلٰوۃُ وَالسَّلَام بھی ہیں۔

كَثِيۡرٌ مِّنۡهُمۡ ؕ وَاللّٰهُ بَصِيۡرٌۢ بِمَا يَعۡمَلُوۡنَ ﴿۷۱﴾ لَقَدۡ

كَثِيۡرٌ	مِّنۡهُمۡ	وَ	اللّٰهُ	بَصِيۡرٌۢ	بِمَا	يَعۡمَلُوۡنَ ﴿۷۱﴾	لَقَدۡ
بہت سے	ان میں سے	اور	اللہ	دیکھنے والا	(اس) کو جو	وہ کرتے ہیں	ضرور بیشک

ہو گئے اور اللہ ان کے کام دیکھ رہا ہے ○ بیشک

كَفَرَ الَّذِيۡنَ قَالُوۡۤا اِنَّ اللّٰهَ هُوَ الۡمَسِيۡحُ ابۡنُ مَرۡيَمَ ؕ

كَفَرَ	الَّذِيۡنَ	قَالُوۡۤا	اِنَّ	اللّٰهَ	هُوَ	الۡمَسِيۡحُ ابۡنُ مَرۡيَمَ (1)
کافر ہو گئے	وہ لوگ جنہوں نے	کہا	بیشک	اللہ	وہ	مریم کا بیٹا مسیح (ہے)

وہ لوگ کافر ہو گئے جنہوں نے کہا کہ اللہ وہی مسیح مریم کا بیٹا ہے

وَقَالَ الۡمَسِيۡحُ يٰبَنِىۡۤ اِسۡرَآءِيۡلَ اعۡبُدُوا اللّٰهَ

وَ	قَالَ	الۡمَسِيۡحُ	يٰبَنِىۡۤ اِسۡرَآءِيۡلَ	اعۡبُدُوا	اللّٰهَ
اور (حالانکہ)	کہا (تھا)	مسیح (نے)	اے بنی اسرائیل	عبادت کرو	اللہ (کی)

حالانکہ مسیح نے تو یہ کہا تھا: اے بنی اسرائیل! اللہ کی بندگی کرو

رَبِّىۡ وَرَبَّكُمۡ ؕ اِنَّهٗ مَنۡ يُّشۡرِكۡ بِاللّٰهِ فَقَدۡ حَرَّمَ

رَبِّىۡ وَرَبَّكُمۡ	اِنَّهٗ	مَنۡ	يُّشۡرِكۡ	بِاللّٰهِ	فَقَدۡ	حَرَّمَ
(جو) میرا اور تمہارا رب (ہے)	بیشک وہ	جو	شریک ٹھہرائے	اللہ کا	تو تحقیق	حرام کر دی

جو میرا بھی رب ہے اور تمہارا بھی رب ہے۔ بیشک جو اللہ کا شریک ٹھہرائے تو اللہ نے

اللّٰهُ عَلَيۡهِ الۡجَـنَّةَ وَمَاۡوٰٮهُ النَّارُ ؕ وَمَا لِلظّٰلِمِيۡنَ

اللّٰهُ	عَلَيۡهِ	الۡجَـنَّةَ	وَ	مَاۡوٰٮهُ	النَّارُ	وَ	مَا	لِلظّٰلِمِيۡنَ
اللہ (نے)	اس پر	جنت	اور	اس کا ٹھکانہ	آگ (ہے)	اور	نہیں	ظالموں کے لئے

اس پر جنت حرام کر دی اور اس کا ٹھکانہ دوزخ ہے اور ظالموں کا

عنوان: حضرت عیسیٰ عَلَيۡهِ الصَّلٰوةُ وَالسَّلَام کو "اللہ" کہنے والے کافر ہیں — اللہ کا شریک ٹھہرانے والوں کی عبرتناک سزا

(1)...... عیسائیوں کے بہت سے فرقے ہیں: ان میں سے یعقوبیہ اور ملکانیہ کہتے تھے کہ مریم نے اِلٰہ یعنی معبود کو جنا اور وہ یہ بھی کہتے تھے کہ الٰہ یعنی معبود نے عیسیٰ کی ذات میں حلول کر لیا اور وہ اُن کے ساتھ متحد ہو گیا تو عیسیٰ الٰہ (معبود) ہو گئے۔ معاذ اللہ ثم معاذ اللہ۔ عیسائیوں نے اللہ تعالیٰ کے ساتھ حضرت عیسیٰ عَلَيۡهِ الصَّلٰوةُ وَالسَّلَام کی بھی توہین کی کہ وہ تو اپنے کو رب عَزَّوَجَلَّ کا بندہ کہتے تھے اور یہ انہیں جھٹلا کر انہی کو رب کہنے لگے۔

مِنْ اَنْصَارٍ ﴿۷۲﴾ لَقَدْ كَفَرَ الَّذِيْنَ قَالُوْۤا اِنَّ

مِنْ اَنْصَارٍ ﴿۷۲﴾ (1)	لَقَدْ	كَفَرَ	الَّذِيْنَ	قَالُوْۤا	اِنَّ
کوئی مدد کرنے والا	ضرور بیشک	کافر ہو گئے	وہ لوگ جنہوں نے	کہا	بیشک

کوئی مددگار نہیں ○ بیشک وہ لوگ کافر ہو گئے جنہوں نے کہا: بیشک اللہ

اللّٰهَ ثَالِثُ ثَلٰثَةٍ ۘ وَ مَا مِنْ اِلٰهٍ اِلَّاۤ

اللّٰهَ	ثَالِثُ ثَلٰثَةٍ (2)	وَ	مَا مِنْ اِلٰهٍ	اِلَّاۤ
اللہ	تین میں سے تیسرا (ہے)	اور (حالانکہ)	کوئی معبود نہیں	مگر

تین (معبودوں) میں سے تیسرا ہے حالانکہ عبادت کے لائق تو صرف

اِلٰهٌ وَّاحِدٌ ؕ وَ اِنْ لَّمْ يَنْتَهُوْا عَمَّا يَقُوْلُوْنَ

اِلٰهٌ وَّاحِدٌ	وَ	اِنْ	لَّمْ يَنْتَهُوْا	عَمَّا	يَقُوْلُوْنَ
ایک معبود	اور	اگر	وہ باز نہ آئے	(اس) سے جو	وہ کہہ رہے ہیں

ایک ہی معبود ہے اور اگر یہ لوگ اس سے باز نہ آئے جو یہ کہہ رہے ہیں

لَيَمَسَّنَّ الَّذِيْنَ كَفَرُوْا مِنْهُمْ عَذَابٌ اَلِيْمٌ ﴿۷۳﴾

لَيَمَسَّنَّ	الَّذِيْنَ	كَفَرُوْا	مِنْهُمْ	عَذَابٌ اَلِيْمٌ ﴿۷۳﴾
(تو) ضرور چھوئے گا، پہنچے گا	ان لوگوں کو جو	کافر رہیں گے	ان میں سے	دردناک عذاب

تو جو اِن میں کافر رہیں گے ان کو ضرور دردناک عذاب پہنچے گا ○

اَفَلَا يَتُوْبُوْنَ اِلَى اللّٰهِ وَ يَسْتَغْفِرُوْنَهٗ ؕ وَ

اَفَلَا يَتُوْبُوْنَ	اِلَى اللّٰهِ	وَ	يَسْتَغْفِرُوْنَهٗ	وَ
تو کیا وہ رجوع نہیں کرتے	اللہ کی طرف	اور	مغفرت طلب (نہیں) کرتے اس سے	اور (حالانکہ)

تو یہ کیوں اللہ کی بارگاہ میں توبہ نہیں کرتے اور کیوں اس سے مغفرت طلب نہیں کرتے؟ حالانکہ

عنوان: تین معبود ماننے والے عیسائیوں کا رد اور انہیں دردناک عذاب کی وعید | عیسائیوں کو توبہ اور مغفرت طلب کرنے کا حکم

(1)...... انصار، نصیر یا ناصر کی جمع ہے اور یہاں ترجمے میں لفظ "کوئی" حرف "من" کی وجہ سے ہے۔ (2)...... عیسائیوں میں فرقہ مرقوسیہ اور نسطوریہ کا عقیدہ یہ ہے کہ الٰہ تین ہیں، باپ بیٹا روح القدس، اللہ تعالیٰ کو باپ اور حضرت عیسیٰ عَلَیْہِ الصَّلٰوۃُ وَالسَّلَام کو اس کا بیٹا اور حضرت جبریل عَلَیْہِ الصَّلٰوۃُ وَالسَّلَام کو روح القدس کہتے ہیں۔ معاذ اللہ۔ یہاں ان کا رد فرمایا گیا کہ اللہ تعالیٰ کے سوا کوئی معبود نہیں، نہ اس کا کوئی ثانی ہے نہ ثالث۔ وہ وحدانیت کے ساتھ موصوف ہے، اس کا کوئی شریک نہیں، باپ بیٹے بیوی سب سے پاک ہے۔ اگر یہ کفار تثلیث (تین خدا ماننے) کے معتقد رہے اور توحید اختیار نہ کی تو آخرت میں دردناک عذاب سے دوچار ہوں گے۔

اللّٰهُ غَفُوْرٌ رَّحِيْمٌ ﴿٧٤﴾ مَا الْمَسِيْحُ ابْنُ مَرْيَمَ اِلَّا

اللّٰهُ	غَفُوْرٌ	رَّحِيْمٌ ﴿٧٤﴾	مَا الْمَسِيْحُ ابْنُ مَرْيَمَ	اِلَّا
اللہ	بخشنے والا	مہربان (ہے)	مریم کا بیٹا مسیح نہیں	مگر

اللہ بخشنے والا مہربان ہے○ مسیح بن مریم تو صرف

رَسُوْلٌ ۚ قَدْ خَلَتْ مِنْ قَبْلِهِ الرُّسُلُ ؕ وَ

رَسُوْلٌ (1)	قَدْ	خَلَتْ	مِنْ قَبْلِهِ	الرُّسُلُ	وَ
ایک رسول	تحقیق	گزر گئے	اس سے پہلے	بہت سے رسول	اور

ایک رسول ہے۔ اس سے پہلے بہت سے رسول گزر چکے ہیں اور

اُمُّهٗ صِدِّيْقَةٌ ؕ كَانَا يَاْكُلٰنِ الطَّعَامَ ؕ اُنْظُرْ

اُمُّهٗ	صِدِّيْقَةٌ	كَانَا يَاْكُلٰنِ	الطَّعَامَ	اُنْظُرْ
اس کی ماں	صدیقہ، بہت سچی (ہے)	وہ دونوں کھاتے تھے	کھانا	تم دیکھو

اس کی ماں صدیقہ (بہت سچی) ہے۔ وہ دونوں کھانا کھاتے تھے دیکھو تو

كَيْفَ نُبَيِّنُ لَهُمُ الْاٰيٰتِ ثُمَّ انْظُرْ اَنّٰى

كَيْفَ	نُبَيِّنُ	لَهُمُ	الْاٰيٰتِ	ثُمَّ	انْظُرْ	اَنّٰى
کیسے	ہم کھول کر بیان کرتے ہیں	ان کے لئے	نشانیاں	پھر	دیکھو	کیسے

ہم ان کے لئے کیسی صاف نشانیاں بیان کرتے ہیں پھر دیکھو وہ کیسے

يُؤْفَكُوْنَ ﴿٧٥﴾ قُلْ اَتَعْبُدُوْنَ مِنْ دُوْنِ اللّٰهِ

يُؤْفَكُوْنَ ﴿٧٥﴾	قُلْ	اَتَعْبُدُوْنَ	مِنْ دُوْنِ اللّٰهِ
وہ پھرے جاتے ہیں	تم کہو	کیا تم عبادت کرتے ہو	اللہ کے سوا

پھرے جاتے ہیں؟○ تم فرماؤ، کیا تم اللہ کے سوا اس کی عبادت کرتے ہو

عنوان حضرت عیسیٰ عَلَيْهِ الصَّلٰوةُ وَالسَّلَام کے خدا نہ ہونے کے دلائل — شرک کو باطل کرنے کی ایک مزید دلیل

(1)...... یہاں حضرت عیسیٰ عَلَيْهِ الصَّلٰوةُ وَالسَّلَام کے خدا نہ ہونے کے دلائل بیان کئے گئے ہیں جیسے وہ ایک رسول ہیں لہٰذا اُن کو خدا ماننا غلط، باطل اور کفر ہے۔ یونہی ان سے پہلے بھی بہت سے رسول گزر چکے ہیں جو معجزات رکھتے تھے، تو جب دیگر انبیاء کرام عَلَيْهِمُ الصَّلٰوةُ وَالسَّلَام کو معجزات کی بنا پر خدا نہیں مانتے تو اِنہیں بھی خدا نہ مانو۔ اسی طرح حضرت عیسیٰ عَلَيْهِ الصَّلٰوةُ وَالسَّلَام اور ان کی والدہ دونوں کھانا کھاتے تھے جبکہ معبود کھانے سے پاک ہوتا ہے کیونکہ معبود غذا کا محتاج نہیں ہو سکتا تو جو غذا کھائے، جسم رکھے اور اس جسم میں تبدیلیاں واقع ہوں، غذا اس کا جزوِ بدن بنے وہ کیسے معبود ہو سکتا ہے؟

مَا لَا یَمْلِكُ لَكُمْ ضَرًّا وَّ لَا نَفْعًا ؕ وَ

مَا	لَا یَمْلِكُ	لَكُمْ	ضَرًّا	وَّ	لَا	نَفْعًا (1)	وَ
(اس کی) جو	مالک نہیں ہے	تمہارے لئے	نقصان (کا)	اور	نہ	نفع (کا)	اور

جو نہ تمہارے نقصان کا مالک ہے اور نہ نفع کا اور

اللّٰهُ هُوَ السَّمِیْعُ الْعَلِیْمُ ﴿٧٦﴾ قُلْ یٰۤاَهْلَ الْكِتٰبِ

اللّٰهُ	هُوَ	السَّمِیْعُ	الْعَلِیْمُ ﴿٧٦﴾	قُلْ	یٰۤاَهْلَ الْكِتٰبِ
اللہ	وہ	سننے والا	جاننے والا	تم کہو	اے اہلِ کتاب

اللہ ہی سننے والا، جاننے والا ہے ○ تم فرماؤ، اے کتاب والو!

لَا تَغْلُوْا فِیْ دِیْنِكُمْ غَیْرَ الْحَقِّ وَ لَا تَتَّبِعُوْۤا

لَا تَغْلُوْا (2)	فِیْ دِیْنِكُمْ	غَیْرَ الْحَقِّ	وَ	لَا تَتَّبِعُوْۤا
تم غلو، زیادتی نہ کرو	اپنے دین میں	ناحق	اور	پیچھے نہ چلو

اپنے دین میں ناحق غلو (زیادتی) نہ کرو اور ان لوگوں کی

اَهْوَآءَ قَوْمٍ قَدْ ضَلُّوْا مِنْ قَبْلُ وَ اَضَلُّوْا

اَهْوَآءَ قَوْمٍ	قَدْ	ضَلُّوْا	مِنْ قَبْلُ	وَ	اَضَلُّوْا
قوم کی خواہشات (کے)	تحقیق	وہ گمراہ ہوئے	(اس) سے پہلے	اور	انہوں نے گمراہ کیا

خواہشات پر نہ چلو جو پہلے خود بھی گمراہ ہو چکے ہیں اور بہت سے دوسرے لوگوں کو بھی

كَثِیْرًا وَّ ضَلُّوْا عَنْ سَوَآءِ السَّبِیْلِ ﴿٧٧﴾ ع لُعِنَ

كَثِیْرًا	وَّ	ضَلُّوْا	عَنْ سَوَآءِ السَّبِیْلِ ﴿٧٧﴾	لُعِنَ
بہت سے (لوگوں کو)	اور	وہ بہک گئے	سیدھے راستے سے	لعنت کی گئی

گمراہ کر چکے ہیں اور سیدھی راہ سے بھٹک چکے ہیں ○ بنی اسرائیل

عنوان: دین میں ناحق زیادتی کرنے اور گمراہوں کی پیروی کرنے کی ممانعت | بنی اسرائیل کے کافروں پر حضرت داؤد اور حضرت عیسیٰ عَلَیْہِمَا الصَّلٰوۃُ وَالسَّلَام کی لعنت اور اس کی وجہ

1 ...... اس آیت میں شرک کو باطل کرنے کی ایک اور دلیل بیان کی گئی ہے، اس کا خلاصہ یہ ہے کہ مستحق عبادت وہی ہو سکتا ہے جو نفع نقصان وغیرہ ہر چیز پر ذاتی قدرت و اختیار رکھتا ہو اور جو ایسا نہ ہو وہ مستحق عبادت نہیں ہو سکتا اور حضرت عیسیٰ عَلَیْہِ الصَّلٰوۃُ وَالسَّلَام نفع و ضرر کے بالذات مالک نہ تھے بلکہ اللہ تعالیٰ کے مالک کرنے سے مالک ہوئے تو اُن کی نسبت الوہیت کا اعتقاد باطل ہے۔ 2 ...... یہاں تمام اہلِ کتاب کو ناحق زیادتی کرنے سے منع فرمایا۔ یہودیوں کی زیادتی تو یہ تھی کہ وہ حضرت عیسیٰ عَلَیْہِ الصَّلٰوۃُ وَالسَّلَام کی نبوت ہی نہیں مانتے تھے اور نصاریٰ کی زیادتی یہ تھی کہ وہ انہیں معبود ٹھہراتے تھے۔

الَّذِيْنَ كَفَرُوْا مِنْۢ بَنِيْٓ اِسْرَآءِيْلَ عَلٰى لِسَانِ دَاوٗدَ

الَّذِيْنَ	كَفَرُوْا	مِنْۢ بَنِيْٓ اِسْرَآءِيْلَ	عَلٰى لِسَانِ دَاوٗدَ
ان لوگوں پر جنہوں نے	کفر کیا	بنی اسرائیل میں سے	(ان پر لعنت کی گئی) داؤد کی زبان پر

میں سے کفر کرنے والوں پر داؤد اور عیسیٰ بن مریم

وَعِيْسَى ابْنِ مَرْيَمَ ؕ ذٰلِكَ بِمَا عَصَوْا

وَ	عِيْسَى ابْنِ مَرْيَمَ[1]	ذٰلِكَ	بِمَا	عَصَوْا
اور	مریم کے بیٹے عیسیٰ (کی زبان پر)	یہ (لعنت)	(اس کے) سبب جو	انہوں نے نافرمانی کی

کی زبان پر سے لعنت کی گئی۔ یہ لعنت اس وجہ سے تھی کہ انہوں نے نافرمانی کی

وَّكَانُوْا يَعْتَدُوْنَ ﴿٧٨﴾ كَانُوْا لَا يَتَنَاهَوْنَ عَنْ مُّنْكَرٍ

وَّ	كَانُوْا يَعْتَدُوْنَ ﴿٧٨﴾	كَانُوْا لَا يَتَنَاهَوْنَ[2]	عَنْ مُّنْكَرٍ
اور	وہ سرکشی کرتے رہتے تھے	وہ ایک دوسرے کو روکتے نہیں تھے	کسی برے کام سے

اور وہ سرکشی کرتے رہتے تھے ○ وہ ایک دوسرے کو کسی برے کام سے منع نہ کرتے تھے

فَعَلُوْهُ ؕ لَبِئْسَ مَا كَانُوْا يَفْعَلُوْنَ ﴿٧٩﴾ تَرٰى

فَعَلُوْهُ	لَبِئْسَ	مَا	كَانُوْا يَفْعَلُوْنَ ﴿٧٩﴾	تَرٰى
انہوں نے کیا اسے	ضرور برا ہے	جو (کام)	وہ کرتے تھے	تم دیکھو گے

جو وہ کیا کرتے تھے۔ بیشک یہ بہت ہی برے کام کرتے تھے ○ تم ان میں سے

كَثِيْرًا مِّنْهُمْ يَتَوَلَّوْنَ الَّذِيْنَ

كَثِيْرًا	مِّنْهُمْ	يَتَوَلَّوْنَ	الَّذِيْنَ
بہت سے (لوگوں کو)	ان میں سے	وہ دوستی کرتے ہیں	ان لوگوں سے جنہوں نے

بہت سے لوگوں کو دیکھو گے کہ کافروں سے

عنوان: یہودیوں کی ایک سرکشی، دوسروں کو گناہ سے نہ روکنا — عہدِ رسالت کے یہودیوں کی کفار سے دوستی اور ان کا انجام

1 ...... ایلہ کے رہنے والوں کو ہفتہ کے دن شکار کرنا منع تھا، انہوں نے جب اس حکم کی مخالفت کی اور شکار کرنے سے باز نہ آئے تو حضرت داؤد عَلَیْہِ الصَّلٰوۃُ وَالسَّلَام نے اُن پر لعنت کی اور اُن کے خلاف دعا فرمائی چنانچہ ان سب کو بندروں اور خنزیروں کی شکل میں مسخ کر دیا گیا اور اصحاب مائدہ نے جب نازل شدہ دستر خوان کی نعمتیں کھانے کے بعد ممانعت کے باوجود انہیں ذخیرہ کیا اور ایمان نہ لائے تو حضرت عیسیٰ عَلَیْہِ الصَّلٰوۃُ وَالسَّلَام نے اُن کے خلاف دعا فرمائی تو وہ خنزیر اور بندر بن گئے۔ 2 ...... اس سے معلوم ہوا کہ قدرت و شرائط کے پائے جانے کے وقت برائی سے لوگوں کو روکنا واجب ہے اور ایسی صورت میں گناہ=

كَفَرُوْا ؕ لَبِئْسَ مَا قَدَّمَتْ لَهُمْ اَنْفُسُهُمْ اَنْ

كَفَرُوْا	لَبِئْسَ	مَا	قَدَّمَتْ	لَهُمْ	اَنْفُسُهُمْ	اَنْ
کفر کیا	بیشک کتنی بری ہے	وہ (چیز) جو	آگے بھیجی	ان کے لئے	ان کی جانوں (نے)	کہ

دوستی کرتے ہیں تو ان کی جانوں نے ان کے لئے کتنی بری چیز آگے بھیجی کہ

سَخِطَ اللّٰهُ عَلَيْهِمْ وَ فِي الْعَذَابِ هُمْ خٰلِدُوْنَ ۝٨٠

سَخِطَ	اللّٰهُ	عَلَيْهِمْ	وَ	فِي الْعَذَابِ (1)	هُمْ	خٰلِدُوْنَ ۝٨٠
غضب فرمایا	اللہ (نے)	ان پر	اور	عذاب میں	وہ	ہمیشہ رہنے والے

ان پر اللہ نے غضب کیا اور یہ لوگ ہمیشہ عذاب میں ہی رہیں گے ○

وَلَوْ كَانُوْا يُؤْمِنُوْنَ بِاللّٰهِ وَ النَّبِيِّ وَمَآ

وَ	لَوْ	كَانُوْا يُؤْمِنُوْنَ	بِاللّٰهِ وَ النَّبِيِّ	وَ	مَآ
اور	اگر	وہ ایمان لاتے	اللہ اور نبی پر	اور	(اس پر) جو

اور اگر یہ اللہ اور نبی پر اور اُس پر جو

اُنْزِلَ اِلَيْهِ مَا اتَّخَذُوْهُمْ اَوْلِيَآءَ

اُنْزِلَ	اِلَيْهِ	مَا اتَّخَذُوْهُمْ	اَوْلِيَآءَ (2)
نازل کیا گیا	اس (نبی) کی طرف	(تو) نہ بناتے انہیں	دوست

نبی کی طرف نازل کیا گیا ہے ایمان لاتے تو کافروں کو دوست نہ بناتے

وَلٰكِنَّ كَثِيْرًا مِّنْهُمْ فٰسِقُوْنَ ۝٨١ لَتَجِدَنَّ

وَ	لٰكِنَّ	كَثِيْرًا	مِّنْهُمْ	فٰسِقُوْنَ ۝٨١	لَتَجِدَنَّ
اور	لیکن	بہت سے	ان میں سے	نافرمانی کرنے والے (ہیں)	ضرور تم پاؤ گے

لیکن ان میں بہت زیادہ فاسق ہیں ○ ضرور تم

عنوان حقیقی مومن کافر کو دوست نہیں بنا سکتا — مسلمانوں کے سب سے سخت دشمن یہودی اور مشرک ہیں

==سے منع کرنے سے باز رہنا سخت گناہ ہے۔

(1)...... معلوم ہوا کے کفار سے دوستی اور موالات حرام ہے۔ یہ آیت مبارکہ ان مسلمانوں کے لئے تازیانۂ عبرت ہے جو کفار کی مسلمانوں سے کھلی دشمنی دیکھنے کے باوجود، صرف اپنے مفادات کی خاطر ان کے ساتھ دوستی کرتے، ہاں میں ہاں ملاتے اور ان کی ناراضی سے خوف کھاتے ہیں۔ (2)...... ان آیات کے پس منظر پر غور کرنے سے معلوم ہوتا ہے کہ یہودیوں کا اصل مقصود ریاست کی حکمرانی اور منصب کا حصول تھا اور اس کے لئے انہیں کوئی بھی طریقہ اپنانا پڑا، کسی==

اَشَدَّ النَّاسِ عَدَاوَةً لِّلَّذِيْنَ اٰمَنُوا الْيَهُوْدَ وَ

اَشَدَّ النَّاسِ	عَدَاوَةً	لِّلَّذِيْنَ	اٰمَنُوا	الْيَهُوْدَ	وَ
لوگوں میں سب سے زیادہ شدید	دشمنی (میں)	ان لوگوں کی جو	ایمان لائے	یہودیوں (کو)	اور

مسلمانوں کا سب سے زیادہ شدید دشمن یہودیوں اور

الَّذِيْنَ اَشْرَكُوْا ۚ وَلَتَجِدَنَّ اَقْرَبَهُمْ

الَّذِيْنَ	اَشْرَكُوْا	وَ	لَتَجِدَنَّ	اَقْرَبَهُمْ
ان لوگوں کو جنہوں نے	شرک کیا	اور	ضرور تم پاؤ گے	ان میں سب سے زیادہ قریب

مشرکوں کو پاؤ گے اور ضرور تم

مَّوَدَّةً لِّلَّذِيْنَ اٰمَنُوا الَّذِيْنَ

مَّوَدَّةً (1)	لِّلَّذِيْنَ	اٰمَنُوا	الَّذِيْنَ
دوستی (میں)	ان لوگوں کی جو	ایمان لائے	ان لوگوں کو جنہوں نے

مسلمانوں کی دوستی میں سب سے زیادہ قریب ان کو پاؤ گے

قَالُوْٓا اِنَّا نَصٰرٰى ۭ ذٰلِكَ بِاَنَّ مِنْهُمْ

قَالُوْٓا	اِنَّا	نَصٰرٰى	ذٰلِكَ	بِاَنَّ	مِنْهُمْ
کہا	بیشک ہم	نصاریٰ (ہیں)	یہ	(اس کے) سبب کہ	ان میں سے

جو کہتے تھے: ہم نصاریٰ ہیں۔ یہ اس لئے ہے کہ ان میں

قِسِّيْسِيْنَ وَرُهْبَانًا وَّاَنَّهُمْ لَا يَسْتَكْبِرُوْنَ ﴿٨٢﴾

قِسِّيْسِيْنَ	وَ	رُهْبَانًا	وَّ	اَنَّهُمْ	لَا يَسْتَكْبِرُوْنَ ﴿٨٢﴾
علماء	اور	درویش (موجود ہیں)	اور	(اس کے سبب) کہ وہ	تکبر نہیں کرتے

علماء اور عبادت گزار موجود ہیں اور یہ تکبر نہیں کرتے ○

عنوان دورِ رسالت کے بعض عیسائیوں کا اسلام اور مسلمانوں سے قرب

== بھی ذریعے کو اختیار کرنا پڑا وہ کر گزرے۔ کچھ ایسی ہی صورت حال فی زمانہ ہم مسلمانوں میں عام ہو چکی ہے۔ اپنی کرسی کو بچانے کے چکر میں کفار کے سامنے گھٹنے ٹیکتے اور ایڑیاں گھسیٹتے پھرتے ہیں۔

(1)...... اس آیت کریمہ میں اُن عیسائیوں کی تعریف بیان کی گئی ہے جو حضور اقدس صَلَّی اللّٰہُ تَعَالٰی عَلَیْہِ وَاٰلِہٖ وَسَلَّم کے زمانہ اقدس تک حضرت عیسیٰ عَلَیْہِ الصَّلٰوۃُ وَالسَّلَام کے دین پر قائم رہے اور تاجدارِ رسالت صَلَّی اللّٰہُ تَعَالٰی عَلَیْہِ وَاٰلِہٖ وَسَلَّم کی بعثت معلوم ہونے کے بعد سرکارِ کائنات صَلَّی اللّٰہُ تَعَالٰی عَلَیْہِ وَاٰلِہٖ وَسَلَّم پر ایمان لے آئے۔

www.ingramcontent.com/pod-product-compliance
Lightning Source LLC
LaVergne TN
LVHW070907051026
849558LV00046B/594
* 9 7 8 9 6 9 7 2 2 6 1 0 8 *